Martine

Professeur à l'université de Bor

INTRODUCTION
À L'ANALYSE
DE L'IMAGE

Ouvrage publié sous la direction de
Francis Vanoye

NATHAN

Dans la même collection

Édition : Claire Hennaut

Illustration de couverture : *Usine à Horta de Ebro*, Picasso (1909), © Photographie Giraudon, © SPADEM, 1993

© NATHAN 1993, pour la 1re édition.
© NATHAN/VUEF 2001, pour la présente édition.
Internet : http ://www.nathan-u.com
ISBN 2-09-190634-8

SOMMAIRE

À Christian Metz

AVANT-PROPOS

> Regarder, regarder, jusqu'à ne plus être soi-même.
>
> «Relation véridique des rencontres et complicités
> entre Maqroll el Gaviero et le peintre Alejandro Obregon»,
> Alvaro Mutis,
> *Le Dernier Visage*

L'objectif de ce livre est d'aider les «consommateurs d'images» que nous sommes à mieux comprendre la manière dont l'image communique et transmet des messages.

Que nous vivions dans une «civilisation de l'image» semble l'opinion la mieux partagée sur les caractéristiques de notre époque, répétée qu'elle est depuis bientôt plus de trente ans. Toutefois, plus cette constatation s'affirme, plus il semble qu'elle pèse d'un poids menaçant sur nos destinées. Plus nous voyons d'images plus nous risquerions d'être abusés, alors que nous ne sommes pourtant qu'à l'aube d'une génération d'images virtuelles, ces «nouvelles» images qui nous proposent des mondes illusoires et néanmoins perceptibles, à l'intérieur desquels nous pourrons évoluer sans pour autant quitter notre chambre à coucher…

L'utilisation des images se généralise en effet et, que nous les regardions ou que nous les fabriquions, nous sommes quotidiennement amenés à les utiliser, à les décrypter, à les interpréter. Une des raisons pour lesquelles elles peuvent alors paraître menaçantes est que nous sommes au sein d'un curieux paradoxe : d'un côté nous lisons les images d'une manière qui nous semble tout à fait «naturelle», qui ne demande apparemment aucun apprentissage et, d'autre part, il nous semble que nous subissons de façon plus inconsciente que consciente le savoir-faire de quelques initiés qui peuvent nous «manipuler» en nous submergeant d'images secrètement codées se jouant de notre naïveté.

Ni l'une ni l'autre de ces impressions n'est cependant absolument justifiée. Une initiation minimale à l'analyse de l'image devrait précisément nous aider à échapper à cette impression de passivité, voire de «matraquage», et nous permettre d'apercevoir au contraire tout ce que cette lecture «naturelle» de l'image active en nous de conventions, d'histoire, de culture plus ou moins intériorisées. C'est précisément parce que nous sommes pétris de la même pâte qu'elle que l'image nous est si familière, et que nous ne sommes pas tant les cobayes que nous croyons parfois être.

L'ambition de cet ouvrage est donc d'aider à repérer tant soit peu de quelle manière nous sommes intrinsèquement et culturellement initiés à la compréhension des images. Reconnaissant quelques phases de cet apprentissage diffus, nous serons plus à même d'analyser et de comprendre en profondeur un des outils effectivement dominants de la communication contemporaine.

Démarche suivie

Dans un premier temps nous voudrions définir l'objet de notre analyse. Préciser de quoi nous parlons quand nous parlons d'«image» ; voir, parmi les différentes définitions possibles, le lien qu'il peut y avoir entre elles, et quel outil théorique peut expliquer ce lien. Nous nous arrêterons, quant à nous, au message visuel unique et fixe, dont l'analyse est nécessaire pour aborder celle des messages visuels plus complexes, tels que l'image en séquence, fixe ou animée. Nous verrons que l'approche théorique sémiotique permet non seulement de réconcilier les usages multiples du mot «image», mais aussi d'approcher la complexité de sa nature, entre imitation, trace et convention.

Une fois circonscrit l'objet de notre analyse, nous nous attacherons à étudier les implications de l'analyse de l'image, ce que son refus comme son désir peuvent signifier, les précautions préliminaires qu'elle réclame, telles que la prise en compte du statut de l'image analysée, des attentes qu'elle suscite comme du contexte de son apparition. Nous considèrerons différentes fonctions de l'analyse et en quoi leurs objectifs déterminent la méthodologie de la démarche. L'analyse d'un tableau servira d'exemple à l'utilisation de certains outils méthodologiques.

Le troisième chapitre se concentrera sur l'étude de l'image publicitaire comme prototype et comme terrain de recherche et de représentation visuelle. Un exemple détaillé d'analyse de publicité permettra de faire, à chaque étape, un certain nombre de rappels théoriques destinés tant à encourager à l'étude qu'à éviter l'usage d'expressions devenues vides de sens à force d'être galvaudées.

Enfin, nous évoquerons la complémentarité entre image et langage, comment l'opposition image/langage est une fausse opposition, alors que le langage non seulement participe à la construction du message visuel mais le relaie, voire le complète, dans une circularité à la fois réflexive et créatrice. L'étude d'une page de roman, consacrée au développement d'une photographie mystérieuse, nous permettra d'observer, à travers des mots, la force créatrice des images et plus particulièrement de l'image photographique.

On voit donc que cet ouvrage propose une approche raisonnée de l'image, qui ne prétend pas plus donner de recettes interprétatives qu'être exhaustive. Néanmoins, nous souhaitons qu'il aide à une plus grande lucidité dans la compréhension comme dans la fabrication de messages somme toute ordinaires.

Signalons que pour plus de commodité dans la lecture, les rappels théoriques ou historiques un peu longs seront présentés sous forme d'encadrés. Le lecteur pourra ainsi les repérer plus facilement, et les étudier, ou les éviter, selon ses connaissances ou ses intérêts.

1

QU'EST-CE QU'UNE IMAGE ?

1. LA NOTION D'IMAGE : USAGES ET SIGNIFICATIONS

Le terme d'image est tellement utilisé, avec toutes sortes de significations sans lien apparent, qu'il semble très difficile d'en donner une définition simple, qui en recouvre tous les emplois. En effet, qu'y a-t-il de commun, de prime abord, entre un dessin d'enfant, un film, une peinture pariétale ou impressionniste, des graffitis, des affiches, une image mentale, une image de marque, «parler par images», et ainsi de suite ? Le plus frappant est que, malgré la diversité des significations de ce mot, nous le comprenons. Nous comprenons qu'il indique quelque chose qui, bien que ne renvoyant pas toujours au visible, emprunte certains traits au visuel et, en tout état de cause, dépend de la production d'un sujet : imaginaire ou concrète, l'image passe par quelqu'un, qui la produit ou la reconnaît.

Est-ce à dire que la «nature» ne nous propose pas d'images et qu'elles sont nécessairement culturelles ? Une des plus anciennes définitions de l'image, donnée par Platon, nous détrompe : «J'appelle images d'abord les ombres ensuite les reflets qu'on voit dans les eaux, ou à la surface des corps opaques, polis et brillants et toutes les représentations de ce genre[1].» Image, donc, dans le miroir et tout ce qui emprunte le même processus de représentation ; on perçoit que l'image serait déjà un objet second par rapport à un autre qu'elle représenterait selon certaines lois particulières.

Mais avant d'aller plus avant vers une définition théorique de l'image, explorons certains aspects de l'utilisation du mot, pour tenter d'en cerner le noyau commun et aussi pour repérer comment notre compréhension de l'image est d'emblée conditionnée par tout un halo de significations, plus ou moins explicites, attachées au terme.

---

1. Platon, *La République*, trad. É. Chambry, Les Belles Lettres, Paris, 1949.

1.1 L'image comme image médiatique

Partons du sens commun, des utilisations entendues et répétées du mot « image ». L'usage contemporain du mot « image » renvoie le plus souvent à l'image médiatique. L'image envahissante, l'image omniprésente, celle que l'on critique et qui fait en même temps partie de la vie quotidienne de chacun, c'est l'image médiatique. Annoncée, commentée, adulée ou vilipendée par les médias eux-mêmes, l'« image » devient alors synonyme de télévision et de publicité.

Ces mots ne sont cependant pas synonymes. La publicité se trouve, certes, à la télévision mais aussi dans les journaux, dans les magazines, sur les murs des villes. Elle n'est pas non plus uniquement visuelle. Il existe de la publicité radiophonique, par exemple. Cependant l'image médiatique est principalement représentée par la télévision et par la publicité visuelle. Ainsi, une rubrique quotidienne du journal *Le Monde*, baptisée « Images », commente des émissions de télévision. Un récent colloque consacré à la télévision avait pour sous-titre : « Pouvoir et ambiguïté de l'image ». Des hebdomadaires non spécialisés commentent régulièrement des publicités sous la rubrique « Images ». Des émissions de télévision sont relayées par la presse écrite ou encore par la radio, au titre d'« images ».

Cela s'explique par la nature médiatique même de la télévision comme de la publicité qui s'adressent au plus grand nombre. Tout le monde les connaît. Elles utilisent bel et bien des images. Cependant cet amalgame : image = télévision = pub, entretient un certain nombre de confusions préjudiciables à l'image même, à son utilisation, à sa compréhension.

La première confusion est d'assimiler support et contenu. La télévision est un médium, la publicité est un contenu. La télévision est un médium particulier qui peut transmettre de la publicité, entre autres choses. La publicité est un message particulier qui peut se matérialiser à la télévision, comme au cinéma, comme dans la presse écrite ou à la radio. La confusion, qui peut ne pas paraître bien sérieuse ni même réellement fondée (on sait bien finalement que la pub n'est pas toute la télévision et vice versa), est cependant pernicieuse à force d'être répétée. Considérée comme un outil de promotion, et avant tout de promotion d'elle-même, la télévision tend à étendre la facture publicitaire à des domaines latéraux tels que l'information ou la fiction. Sans doute y a-t-il d'autres causes à cette standardisation des genres télévisuels : la contagion du flux télévisuel peut passer par d'autres procédés tels que la «spectacularisation», ou la «fictionnalisation». Mais la publicité, à cause de son caractère répétitif, s'ancre plus facilement dans les mémoires que le défilement des images alentour.

Cela nous amène à la deuxième confusion, plus grave selon nous. Il s'agit de la confusion entre image fixe et image animée. En effet, considérer que l'image contemporaine c'est l'image médiatique et que l'image médiatique par excellence c'est la télévision, ou la vidéo, c'est oublier que, encore maintenant, dans les médias eux-mêmes, la photographie, la peinture, le dessin, la gravure, la lithographie, etc., toutes sortes de moyens d'expression visuelle, et que l'on considère comme des «images», coexistent.

Considérer que l'on est passé, avec la télévision, de «l'ère de l'art à celle du visionnement[2]» prétend exclure l'expérience, cependant réelle, de la contemplation des images. Contemplation des images fixes médiatiques comme les affiches, les publicités imprimées mais aussi les photographies de presse ; contemplation de la peinture, des œuvres et de toutes les créations visuelles possibles comme des rétrospectives de toutes sortes que précisément la technologie et les infrastructures contemporaines permettent. Cette contemplation repose de l'animation permanente du petit écran et permet une approche plus réfléchie ou plus sensible des œuvres visuelles, quelles qu'elles soient.

Confondre image contemporaine et image médiatique, image médiatique et télévision et publicité, c'est non seulement nier la diversité des images contemporaines, mais aussi activer une amnésie et une cécité aussi nuisibles qu'inutiles pour la compréhension de l'image.

1.2 Souvenirs d'images

Le sens commun, toujours, atténue et nuance heureusement cette simplification. Plus ou moins confusément nous nous rappelons que «Dieu créa l'homme à son image». Ce terme d'image, fondateur ici, n'évoque plus une représentation visuelle mais une ressemblance. L'homme-image d'une

2. Régis Debray, *Vie et mort de l'image, une histoire du regard en Occident*, Gallimard, 1992.

perfection absolue, pour la culture judéo-chrétienne, rejoint le monde visible de Platon, ombre, «image» du monde idéal et intelligible, aux fondements de la philosophie occidentale. Du mythe de la Caverne à la Bible, nous avons appris que nous sommes nous-mêmes des images, des êtres ressemblant au Beau, au Bien et au Sacré.

Notre enfance nous a aussi appris que nous pouvions être «sages comme des images». L'image, alors, c'est précisément ce qui ne bouge pas, ce qui reste en place, qui ne parle pas. Nous voilà bien loin de la télévision mais proches des livres d'images, les premiers livres enfantins, où l'on apprend parallèlement à parler et à reconnaître les formes et les couleurs. Et tous les noms d'animaux. L'enfant «sage comme une image» s'est d'ailleurs long-temps vu offrir, en récompense, une image (parfois pieuse). Représentations visuelles et coloriées, ces images-là sont de calme et de reconnaissance. Un peu chahutés toutefois lorsqu'ils deviennent «BD», ces livres d'images ont cependant bercé notre enfance dans ses moments de repos et de rêve. «À quoi sert un livre sans images ?» demande Alice[3]. Images immobiles, fixes, qui peuvent se figer encore un peu plus en stéréo-type et devenir alors une «image d'Épinal».

1.3 Images et origines[4]

On voit donc, avec ces quelques exemples, que l'image contemporaine vient de loin. Qu'elle n'a pas surgi là, maintenant, avec la télévision et la publicité. Que nous avons appris à associer au terme d'«image» des notions complexes et contradictoires, allant de la sagesse au divertissement, de l'immobilité au mouvement, de la religion à la distraction, de l'illustra-tion à la ressemblance, du langage à l'ombre. Cela, on a pu l'apercevoir à travers de simples expressions courantes employant le mot «image». Or ces expressions sont le reflet, et le produit aussi, de toute notre histoire.

Au commencement il y avait l'image. De quelque côté qu'on se tourne, il y a de l'image. «Partout à travers le monde l'homme a laissé les traces de ses facultés imaginatives sous forme de dessins, sur les rochers, qui vont

---

3. Lewis Caroll, *Alice au pays des merveilles*, éd. Gallimard, coll. «folio», 1979.
4. On trouvera un développement plus complet de cette partie in Martine Joly, *L'Image et les Signes*, Nathan, 1994.

des temps les plus anciens du paléolithique à l'époque moderne[5].» Ces dessins étaient destinés à communiquer des messages et nombre d'entre eux ont constitué ce que l'on a appelé «les avant-courriers de l'écriture», utilisant des procédés de description-représentation qui ne retenaient qu'un développement schématique de représentations de choses réelles. «Pétrogrammes» si elles sont dessinées ou peintes, «pétroglyphes» si elles sont gravées ou taillées, ces figures représentent les premiers moyens de la communication humaine. On les considère comme des images dans la mesure où elles imitent, en les schématisant visuellement, les personnes et les objets du monde réel. On pense que ces premières images pouvaient avoir aussi des relations avec la magie et la religion.

Les religions judéo-chrétiennes, quant à elles, ont à voir avec les images. Non seulement parce que les représentations religieuses sont massivement présentes dans toute l'histoire de l'art occidental, mais, plus profondément, parce que la notion d'image, ainsi que son statut, représentent un problème clé de la question religieuse. L'interdiction faite dans la Bible de fabriquer des images et de se prosterner devant elles (3e commandement) désignait l'image comme statue et comme dieu. Une religion monothéiste se devait donc de combattre les images, c'est-à-dire les autres dieux. La «Querelle des images» qui a secoué l'Occident du IVe au VIIe siècle de notre ère, en opposant iconophiles et iconoclastes, est l'exemple le plus manifeste de ce questionnement sur la nature divine ou non de l'image. Plus près de nous, à la Renaissance, la question de la séparation de la représentation religieuse et de la représentation profane sera à l'origine de l'apparition des genres picturaux. Même aboli, l'iconoclasme byzantin a influencé toute l'histoire de la peinture occidentale.

Dans le domaine de l'art, en effet, la notion d'image se rattache essentiellement à la représentation visuelle : fresques, peintures, mais aussi enluminures, illustrations décoratives, dessin, gravure, films, vidéo, photographie, voire images de synthèse. La statuaire est plus rarement considérée comme «image».

Cependant, un des sens d'*imago* en latin, étymologie de notre mot «image», désigne le masque mortuaire porté aux funérailles dans l'Antiquité romaine. Cette acception rattache non seulement l'image, qui

---

5. I.-J. Gelb, *Pour une histoire de l'écriture*, Flammarion, 1973.

peut être aussi le spectre ou l'âme du mort, à la mort, mais aussi à toute l'histoire de l'art et des rites funéraires.

Présente à l'origine de l'écriture, des religions, de l'art et du culte des morts, l'image est aussi un noyau de la réflexion philosophique dès l'Antiquité. Platon et Aristote en particulier la combattront ou la défendront pour les mêmes raisons. Imitatrice, elle trompe pour l'un, éduque pour l'autre. Détourne de la vérité ou au contraire conduit à la connaissance. Séduit les parties les plus faibles de notre âme pour le premier, est efficace par le plaisir même qu'on y prend pour le second. La seule image qui ait grâce aux yeux de Platon est l'image «naturelle» (reflet ou ombre) qui seule peut devenir un outil philosophique.

Outil de communication, divinité, l'image ressemble ou se confond avec ce qu'elle représente. Visuellement imitatrice elle peut tromper comme éduquer. Reflet, elle peut conduire vers la connaissance. La Survie, le Sacré, la Mort, le Savoir, la Vérité, l'Art, tels sont les champs auxquels le simple terme d'image nous rattache, si l'on a seulement un peu de mémoire. Consciente ou non, cette histoire nous a constitués et nous invite à approcher l'image d'une manière complexe, à lui attribuer spontanément des pouvoirs magiques, liée qu'elle est à tous nos grands mythes.

1.4 Image et psychisme

On emploie encore le terme d'«image» pour parler de certaines activités psychiques telles que les représentations mentales, le rêve, le langage par image, etc. Qu'entend-on alors et, encore une fois, quel lien pourrons-nous apercevoir avec les utilisations évoquées précédemment ? Nous ne cherchons pas ici à donner des définitions scientifiquement justes de ces termes, mais à cerner ce que nous en comprenons de la façon la plus ordinaire.

L'image mentale correspond à l'impression que nous avons, lorsque, par exemple, nous avons lu ou entendu la description d'un lieu, de le *voir* presque comme si nous y étions. Une représentation mentale s'élabore de manière quasi hallucinatoire, et semble emprunter ses caractéristiques à la vision. On *voit*.

L'image mentale se distingue du schéma mental qui, lui, rassemble les traits visuels suffisants et nécessaires pour reconnaître un dessin, une forme visuelle quelconque. Il s'agit alors d'un modèle perceptif d'objet, d'une structure formelle que nous avons intériorisée et associée à un objet et que quelques traits visuels minimaux suffisent à évoquer : ainsi, les silhouettes d'homme réduites à deux cercles superposés et à quatre traits pour les membres, comme dans les dessins primitifs communicationnels dont nous avons parlé plus haut ou les dessins d'enfants à partir d'un certain âge, c'est-à-dire après qu'ils ont précisément intériorisé le «schéma corporel». Pour les psychanalystes, l'élaboration de ce schéma corporel se fait par l'intermédiaire de l'image virtuelle de son propre corps que le petit enfant saisit dans le miroir et qui constitue un «stade» fondamental de son élaboration psychique et de la formation de sa personnalité[6].

Ce qui est intéressant pour nous dans l'image mentale, c'est cette impression dominante de visualisation, qui se rapproche de celle du fantasme ou du rêve. Et alors qu'on s'est attaché à démontrer la parenté entre le visionnement d'un film et l'activité psychique du fantasme et du rêve[7], c'est l'inverse que tout un chacun éprouve d'abord : lorsqu'on se rappelle un rêve, on a l'impression de se rappeler un film. Pas tant parce qu'on a vu, que parce qu'on s'est réveillé et que donc on a pu se rendre compte que «l'histoire» (ou les situations du rêve) n'avaient aucune réalité. Le rêve provoque une hallucination visuelle, certes, mais d'autres sens sont aussi sollicités tels que le toucher ou l'odorat, ce qui commence seulement à être le cas au cinéma. Néanmoins c'est le souvenir visuel qui domine et que l'on considérera comme les «images» du rêve. Le souvenir visuel et l'impression d'une ressemblance parfaite avec la réalité. Que l'impression de ressemblance ou d'analogie entre l'image et le réel soit elle-même une construction mentale nous importe peu pour l'instant. Ce qui nous intéresse est de constater que ce que nous considérons comme des images mentales conjugue cette double impression de visualisation et de ressemblance.

Lorsqu'on parle d'«image de soi» ou d'«image de marque», on fait encore allusion à des opérations mentales, individuelles ou collectives, qui cette fois insistent plus sur l'aspect constructif et identitaire de la représentation que sur son aspect visuel ou ressemblant. Même sans une initiation particulière au concept complexe de représentation (qui peut concerner la

---

6. Cette allusion renvoie aux travaux de Mélanie Klein, Henri Wallon et Jacques Lacan sur la représentation de son corps par le petit enfant.
7. Christian Metz, *Le Signifiant imaginaire*, UGE, 1977.

psychologie, la psychanalyse, les mathématiques, la peinture, le théâtre, le droit, etc.), nous comprenons qu'il s'agit d'une élaboration qui relève du psychologique et du sociologique. La banalisation de l'emploi du mot «image» dans ce sens, et la facilité avec laquelle il semble compris, sont assez étonnantes. En effet, travailler sur l'«image de» l'entreprise, l'«image de» tel homme politique, l'«image de» telle profession, l'«image de» tel type de transports, etc. est devenu l'expression la plus répandue dans le vocabulaire du marketing, de la publicité ou des métiers de la communication sous toutes leurs formes : presse, télévision, communication d'entreprise ou de collectivités locales, communication politique et ainsi de suite. Étudier l'«image de... », la modifier, la construire, la remplacer etc. : c'est le maître mot de l'efficacité, qu'elle soit commerciale[8] ou politique.

On étudie aussi volontiers en sciences humaines l'«image de la femme» ou «du médecin» ou «de la guerre» chez tel ou tel cinéaste, c'est-à-dire dans des images. De même on peut utiliser des images (des affiches, des photographies) pour construire l'«image» de quelqu'un : les campagnes électorales sont un vivier représentatif (plus ou moins réussi, selon les cas[9]) de ce genre de procédé. Tout le monde comprend qu'il s'agit d'étudier ou de provoquer des associations mentales systématiques (plus ou moins justifiées) qui servent à identifier tel ou tel objet, telle ou telle personne, telle ou telle profession en leur attribuant un certain nombre de qualités socioculturellement élaborées.

On peut se demander quel point commun il y a entre une image filmique ou une image photographique et la représentation mentale qu'elles proposent d'une catégorie sociale ou d'une personne, et qu'on appelle aussi «image». Ce point semble tellement commun qu'on n'hésite pas à employer le même terme pour les désigner, sans provoquer pour autant de confusion interprétative. Cette absence de confusion est d'autant plus surprenante qu'on a affaire là à un autre type d'image : une image verbale, une métaphore. En effet pour se faire mieux comprendre, ou pour faire chanter la langue, on peut encore s'exprimer par «images».

L'«image», dans la langue, est le nom commun, pourrait-on dire, donné à la métaphore. La métaphore est la figure la plus utilisée, la plus connue et

8. Georges Péninou, «Le oui, le nom, le caractère», in *Communications*, n°17, Seuil, 1971.
9. *Cf.* les dernières campagnes électorales de Mitterrand ou de Chirac.

la plus étudiée de la rhétorique, à laquelle le dictionnaire donne pour synonyme «image». Ce que l'on sait de la métaphore verbale, ou du parler par «images», c'est qu'ils consistent à employer un mot pour un autre en raison de leur rapport analogique ou de comparaison. Lorsque Juliette Drouet écrit à Victor Hugo : «Tu es mon lion superbe et généreux», ce n'est pas qu'il est effectivement un lion, mais qu'elle lui attribue, par comparaison, les qualités de noblesse et de prestance du lion, roi des animaux. Ce procédé, extrêmement banal, peut même être passé dans la langue d'une manière tellement habituelle que la figure est oubliée : qui se souvient que le «pied de biche» d'une machine à coudre est appelé ainsi parce qu'il ressemble à un pied de biche ?

Toutefois l'«image», ou la métaphore, peut être aussi un procédé d'expression extrêmement riche, inattendu, créatif, et même cognitif, lorsque le rapprochement de deux termes (explicite et implicite) sollicite l'imagination et la découverte de points communs insoupçonnés entre eux. Ce fut un des principes de fonctionnement de «l'image surréaliste» en littérature, bien sûr, mais aussi par extension en peinture (Magritte, Dali) ou au cinéma (Buñuel). D'autres images…

Cette prolifération d'usages du mot «image» ne rend cependant pas compte de ce qu'on désigne, souvent avec peur, comme «la prolifération des images». Dans la vie quotidienne, la télévision propose de plus en plus d'émissions, offre l'opportunité d'utiliser de nombreux jeux vidéo comprenant des images, même rudimentaires. L'ordinateur, lui aussi, permet d'utiliser des images grâce à des logiciels de création d'images ou de simulations visuelles. Mais qu'il y ait une multiplication d'écrans est une chose, qu'ils soient synonymes d'image et uniquement d'image en est une autre. Le son et l'écrit, par exemple, ont aussi leur place, et non des moindres, dans les écrans.

Un domaine où l'image «prolifère» certainement est le domaine scientifique. L'image y offre des possibilités de travail, de recherche, d'exploration, de simulation et d'anticipation considérables et cependant encore réduites par rapport à ce que leur développement actuel laisse prévoir.

1.5 L'imagerie scientifique

Les images et leur potentiel se développent dans tous les domaines scientifiques : de l'astronomie à la médecine, des mathématiques à la météorologie, de la géodynamique à la physique et à l'astrophysique, de l'informatique à la biologie, de la mécanique au nucléaire, etc.

Dans ces différents domaines, les images sont bel et bien des visualisations de phénomènes. Ce qui les distingue fondamentalement les unes des autres, mis à part bien entendu les technologies plus ou moins avancées qu'elles utilisent, c'est qu'elles sont soit des images « vraies », ou « réelles », c'est-à-dire qu'elles permettent une observation plus ou moins directe et plus ou moins sophistiquée de la réalité, soit des simulations numériques.

Les images qui aident à observer et interpréter les différents phénomènes sont produites à partir de l'enregistrement de phénomènes physiques : l'enregistrement des rayons lumineux, à l'origine de la photographie, permet, par exemple, aux satellites de surveiller, par télédétection, l'avancée du désert sur la planète, de surveiller et de prévoir les phénomènes météorologiques ; aux sondes astronomiques de filmer les planètes les plus lointaines, comme aux micro-caméras de filmer l'intérieur du corps humain.

Ce type d'enregistrement n'est plus le seul depuis longtemps. En médecine, par exemple, la radiographie, grâce à l'utilisation des rayons X, amène à des explorations plus spécifiques. D'autres types de procédés coexistent tels que le scanner et l'utilisation des rayons laser, ou les images à résonance magnétique. L'échographie, qui enregistre les ondes sonores, les représente ensuite sur un écran qui les « traduit » visuellement.

Des images visuelles peuvent aussi, à partir d'enregistrement de rayons infrarouges, indiquer le niveau de chaleur de l'atmosphère comme de certaines parties du corps humain. L'électrocardiogramme ou l'électro-encéphalogramme nous avaient déjà habitués à la transcription visuelle d'enregistrement d'électricité. De même, l'enregistrement du mouvement favorise des recherches telles que l'oculométrie : la transcription sur écran du mouvement des yeux d'un spectateur regardant une image, jointe à la détection d'ondes émises par le cerveau, permet de repérer les objets et l'intensité de l'attention du spectateur.

D'autres instruments d'observation extrêmement puissants comme les télescopes ou les microscopes électroniques visent à observer puis à reproduire en « images » l'infiniment grand (des galaxies) comme l'infiniment petit (des molécules).

Cependant l'interprétation de ces images ne se contente pas de la simple observation. Elle demande le plus souvent l'appui de modélisations numériques. Soit que celles-ci vérifient l'observation, soit qu'elles la complètent. Ces images de synthèse, en simulant des phénomènes observés, tels que les turbulences des nuages ou des océans, la troisième dimension d'une molécule, peuvent ainsi servir à comprendre ce que l'observation seule ne permet pas. Mais l'image numérique peut aussi isoler les informations à observer dans l'image «réelle» qui est souvent si riche qu'on ne sait pas la lire correctement au premier abord parce qu'on commence par y lire ce qu'on connaît déjà.

Les simulations peuvent aussi servir de substitut raisonné à de l'inobservable. C'est le cas, en médecine, par exemple, pour la représentation visuelle du virus du sida. Ou pour l'exploration de l'intérieur virtuel d'un organe afin de préparer une opération. En urbanisme, dans l'industrie automobile, dans le nucléaire, pour l'exploration de l'espace et l'entraînement à l'apesanteur, pour l'apprentissage de la conduite des trains à grande vitesse, d'automobiles ou d'avions, la simulation par images de synthèse est désormais indispensable ; l'infographie, l'utilisation d'interfaces sophistiqués avec des robots, permettent de tester des situations matériellement impraticables telles que les collisions, la résistance aux chocs, l'évolution d'un incendie ou d'un ouragan.

En mathématiques, le terme d'«image» peut avoir un sens spécifique et un sens plus commun : une image mathématique est une représentation différente d'un même objet auquel elle est équivalente et non identique. C'est le même objet vu sous un autre angle : une anamorphose, une projection géométrique peuvent être des exemples de cette «théorie des représentations». Mais les mathématiques utilisent aussi des «images» telles que les graphiques, les figures ou l'image numérique pour représenter visuellement des équations ou pour faire évoluer des formes, observer leurs déformations et chercher les lois qui les régissent. Lois qui peuvent concerner et expliquer à leur tour des phénomènes physiques.

Cette interaction, dans le domaine scientifique, entre des images «réelles» de plus en plus puissantes et de plus en plus fines avec des images numériques de plus en plus performantes et anticipatrices, montre à quel point l'interprétation des images scientifiques — et ses conséquences — est l'affaire de spécialistes.

Tout comme le corps souffrant du malade risque de disparaître au profit de ses multiples représentations visuelles, l'humanité et son devenir risquent-ils de se perdre dans leurs «images» ?

1.6 Les «nouvelles images»

Les «nouvelles» images : c'est ainsi qu'on appelle les images de synthèse, produites sur ordinateur, et qui sont passées, ces dernières années, de la représentation en trois dimensions à un standard de cinéma, le 35 mm, et que l'on peut maintenant voir sur de grands écrans haute définition[10].

Des logiciels de plus en plus puissants et sophistiqués permettent de créer des univers virtuels et qui peuvent se donner comme tels, mais aussi truquer n'importe quelle image apparemment «réelle». Toute image est désormais manipulable et peut perturber la distinction entre «réel» et virtuel.

Les jeux vidéo ont sans doute banalisé des images de synthèse somme toute encore relativement grossières. Mais les simulateurs de vol, hérités des entraînements des pilotes américains, sont déjà entrés dans le civil dans des installations où le spectateur subit les mouvements liés aux espaces qu'il traverse virtuellement. C'est le cas des cabines ludiques de simulation de vol, mais aussi de salles de cinéma comme celle du Futuroscope, à Poitiers, où le mouvement des sièges suit le relief des paysages visualisés et virtuellement traversés.

Plus illusoire encore, la mise en place d'images interactives permet d'immerger totalement le spectateur dans un univers virtuel, avec une vision en relief à 360°. Casque et gants permettent d'évoluer et de saisir des objets totalement imaginaires. Ski en chambre, guerre des étoiles à domicile, ces projets de vulgarisation existent déjà au Japon. Certains jeux permettent de faire évoluer un clone de soi-même dans un décor totalement virtuel. Ces pratiques laissent prévoir des recherches plus complexes sur la stimulation simultanée des divers sens avec des résistances à l'effort, des «feed back» sensoriels multiples, destinés à approcher de plus en plus les situations réelles.

La publicité et les clips ont inauguré des procédés de trucage et d'effets spéciaux que l'on trouve désormais dans les films de fiction. La «truca numérique» est un ordinateur qui permet des effets spéciaux repérables et

---

10. L'INA organise chaque année, depuis treize ans, à Monte-Carlo, le festival d'images de synthèse «Imagina».

d'autres imperceptibles. Le *morphing*, qui consiste à opérer des transformations numériques sur des images «réelles» scannérisées, permet des manipulations illimitées des images qui peuvent offrir des développements «fantastiques» pour la fiction, la publicité ou les clips, mais qui laissent rêveur lorsqu'on songe à l'information.

Certains procédés synthétiques permettent aussi la multiplication des interfaces entre différents types d'images, comme l'introduction d'images de synthèse dans des décors «réels» et vice versa. Au-delà du jeu, ce type de procédé peut éviter de lourdes dépenses dans la construction de prototypes expérimentaux.

L'hologramme, cette image laser en trois dimensions, fait aussi partie de ces nouvelles images déconcertantes par leur aspect réaliste d'une part, mais aussi, en même temps, par leur aspect fantomatique de double parfait, flottant, comme en suspension.

Ces «nouvelles» images sont appelées aussi des images «virtuelles» dans la mesure où elles proposent des mondes simulés, imaginaires, illusoires. Or cette expression d'image «virtuelle» n'est pas neuve et désigne, en optique, une image produite par la prolongation des rayons lumineux : l'image dans la source ou dans le miroir, par exemple. Images fondatrices, déjà, d'un imaginaire riche et productif. Mais seuls Narcisse, Alice[11] ou Orphée[12], jusqu'à présent, étaient passés de l'autre côté du miroir.

1.7 L'image-Protée

Dans l'*Odyssée*, Protée était l'un des dieux de la Mer. Il avait le pouvoir de prendre toutes les formes qu'il désirait : animal, végétal, eau, feu… Il usait particulièrement de ce pouvoir pour se soustraire aux questionneurs, car il possédait aussi le don de prophétie.

Le tour d'horizon des différentes utilisations du mot «image», quoique certainement non exhaustif, donne le vertige et nous rappelle le dieu Protée : il semble que l'image puisse être tout et son contraire : visuelle et immatérielle, fabriquée et «naturelle», réelle et virtuelle, mobile et immobile, sacrée et profane, antique et contemporaine, rattachée à la vie et à la

---

11. Lewis Caroll, *De l'autre côté du miroir*, éd. Hachette-Jeunesse, 1984.
12. *Orphée*, film de Jean Cocteau (1950).

mort, analogique, comparative, conventionnelle, expressive, communicative, constuctrice et destructrice, bénéfique et menaçante…

Et pourtant, cette «image» protéiforme ne semble bloquer ni son utilisation, ni sa compréhension. Cela n'est, à notre avis, qu'une apparence qui soulève au moins deux points auxquels cet ouvrage se propose de réfléchir.

Le premier point est qu'il existe nécessairement un noyau commun à toutes ces significations, qui évite la confusion mentale. Selon nous, seule une réflexion tant soit peu théorique peut aider à extraire ce noyau et à y voir un peu plus clair.

Le deuxième point est que pour mieux comprendre les images, leur spécificité ainsi que les messages qu'elles véhiculent, un effort minimal d'analyse est nécessaire. Mais on ne peut pas analyser ces images si on ne sait pas de quoi on parle, ni pourquoi on veut le faire. C'est donc ce à quoi nous allons nous attacher.

2. L'IMAGE ET LA THÉORIE SÉMIOTIQUE

2.1 L'approche sémiotique

Nous avons dit qu'une approche théorique de l'image pourrait nous aider à comprendre sa spécificité. En réalité, compte tenu des différents aspects de l'image que nous avons évoqués plus haut, plusieurs théories peuvent aborder l'image : théorie de l'image en mathématiques, en informatique, en esthétique, en psychologie, en psychanalyse, en sociologie, en rhétorique, etc. Et nous voilà retombés dans la complexité précédente.

Pour en sortir nous devrons donc faire appel à une théorie plus générale, plus globalisante, qui nous permette de dépasser les catégories fonctionnelles de l'image. Cette théorie est la théorie sémiotique.

En effet l'approche analytique que nous proposons ici dépend d'un certain nombre de choix : le premier étant d'aborder l'image sous l'angle de la signification et non pas sous celui de l'émotion ou du plaisir esthétique, par exemple.

Même si les choses n'ont pas toujours été formulées ainsi, on peut dire, à l'heure actuelle, qu'aborder ou étudier certains phénomènes sous leur aspect sémiotique c'est considérer leur *mode de production de sens*, en d'autres termes la façon dont ils provoquent des significations, c'est-à-dire des interprétations. En effet un signe n'est «signe» que s'il «exprime des idées», et s'il provoque dans l'esprit de celui ou de ceux qui le perçoivent une démarche interprétative.

De ce point de vue-là on peut dire que tout peut être signe, car dès lors que nous sommes des êtres socialisés, nous avons appris à interpréter le monde qui nous entoure, qu'il soit culturel ou «naturel». Mais le propos du sémioticien n'est pas de décrypter le monde ni de recenser les différentes significations que nous donnons aux objets, aux situations, aux phénomènes naturels etc. Cela pourra être le travail de l'ethnologue, ou de l'anthropologue, du sociologue, du psychologue ou encore du philosophe.

Le travail du sémioticien consistera plutôt à essayer de voir s'il existe des catégories de signes différentes, si ces différents types de signes ont une spécificité et des lois propres d'organisation, des processus de signification particuliers.

2.2 Origines de la sémiotique

La sémiotique, en sciences humaines, est une discipline récente. Elle est apparue au début du XXe siècle et n'a donc pas toujours la «légitimité» des disciplines plus anciennes telles que la philosophie, et encore moins celle des sciences dites «dures» comme les mathématiques ou la physique. Comme d'autres champs théoriques nouveaux (la psychanalyse, par exemple, qui s'est constituée à peu près à la même époque), elle subit encore l'effet des modes, de l'engouement au rejet. Ceci n'est pas toujours très sérieux et n'empêche pas une réflexion neuve et dynamique d'évoluer, de progresser, de dépasser certaines naïvetés initiales et surtout d'aider à comprendre bien des aspects de la communication humaine et animale.

La sémiotique n'est pas née du jour au lendemain et elle a des racines fort anciennes. Ses ancêtres remontent à l'Antiquité grecque et se retrouvent aussi bien dans la médecine que dans la philosophie du langage.

Précisons d'abord l'étymologie de «sémiotique», comme celle de «sémiologie», terme aussi fréquemment employé. Signalons rapidement, quoique la chose soit plus complexe, que les deux termes ne sont pas pour autant synonymes : le premier, d'origine américaine, est le terme canonique qui désigne la sémiotique comme philosophie des langages. L'usage du second, d'origine européenne, est plutôt compris comme l'étude de langages particuliers (image, gestuelle, théâtre, etc.). Ces deux noms sont fabriqués à partir du mot grec *séméion* qui veut dire «signe». C'est ainsi que l'on trouve dès l'Antiquité une discipline médicale qui s'appelle «sémiologie». Elle consiste à étudier l'interprétation des signes ou encore des symptômes des différentes maladies. La «sémiologie» — ou «séméïologie» — médicale est une discipline toujours étudiée en médecine.

Mais les Anciens ne considéraient pas seulement les symptômes médicaux comme des signes. Ils considéraient aussi le langage comme une catégorie de signes, ou de symboles, servant aux hommes à communiquer entre eux. Le concept de signe est donc très ancien et désigne déjà quelque chose que l'on perçoit — des couleurs, de la chaleur, des formes, des sons — et à quoi on donne une signification.

L'idée d'élaborer une science des signes, baptisée donc, à l'origine, sémiologie ou sémiotique, et qui consisterait à étudier les différents types de signes que nous interprétons, à en dresser une typologie, à trouver les lois de fonctionnement des différentes catégories de signes, cette idée-là est récente et remonte donc au début de notre siècle. Les grands précurseurs en sont le linguiste suisse Ferdinand de Saussure[13], en Europe, et le scientifique Charles Sanders Peirce[14], aux États-Unis.

2.3 Linguistique et sémiologie

Saussure, qui a consacré sa vie à étudier la langue, est précisément parti du principe que la langue n'était pas le seul «système de signes exprimant des idées» dont nous nous servons pour communiquer. Il a donc imaginé la «sémiologie» comme une «science générale des signes[15]», à inventer, et au sein de laquelle la linguistique, étude systématique de la langue, aurait la première place et serait son domaine d'étude.

Saussure s'est donc attaché à isoler les unités constitutives de la langue : d'abord les sons ou phonèmes, dépourvus de sens, puis les unités minimales de signification : les monèmes (très grossièrement l'équivalent du mot) ou

13. 1857-1913.
14. 1839-1914.
15. Ferdinand de Saussure, *Cours de linguistique générale*, Payot, 1974.

signes linguistiques. Étudiant ensuite la nature du signe linguistique, Saussure l'a décrit comme une entité psychique à deux faces indissociables reliant un signifiant (les sons) à un signifié (le concept) : l'ensemble de sons «arbre» est rattaché non pas à l'arbre réel qui peut être devant moi, mais au concept d'arbre, outil intellectuel que j'ai construit par mon expérience. Entité que Saussure a représentée sous la forme du diagramme bien connu :

$$\frac{S^é}{S^t}$$

La spécificité de la relation entre les sons et le sens, ou entre le signifiant et le signifié, dans la langue a été ensuite déclarée «arbitraire», c'est-à-dire conventionnelle, par opposition à une relation dite «motivée» lorsqu'elle a des justifications «naturelles», comme l'analogie ou la contiguïté : «l'idée de sœur n'est liée par aucun rapport intérieur avec la suite de sons "sœur", explique Saussure, alors qu'un portrait dessiné ou peint sera, lui, un signe "motivé" par la ressemblance, une trace de pas ou de main par la contiguïté physique qui en constitue la causalité».

Saussure s'est aussi attaché à décrire la forme des signes linguistiques (leur morphologie), les grandes règles de fonctionnement du langage. Il a posé des principes méthodologiques tels que ceux d'opposition, de commutation ou de permutation, bref, il a inauguré une démarche tellement nouvelle et tellement forte qu'il a lui-même annoncé : «la langue, le plus complexe et le plus répandu des systèmes d'expression, est aussi le plus caractéristique de tous ; en ce sens la linguistique peut devenir le patron général de toute sémiologie, bien que la langue ne soit qu'un système particulier».

Il a fallu presque un siècle aux chercheurs pour se dégager d'une telle prophétie et de ce qu'on a appelé «la suprématie du modèle linguistique» pour l'analyse d'autres systèmes de signes. Il reste cependant opératoire pour la compréhension de bien des aspects des messages, quelque forme qu'ils empruntent, et ne peut être radicalement évacué.

Notre propos ici n'est pas d'exposer l'histoire et les différents développement de la théorie depuis son apparition, pas même en ce qui concerne l'image. On pourra trouver ce genre d'exposé ailleurs. Ce que nous voulons, c'est présenter succinctement les grands principes qui, selon nous, sont opératoires pour mieux comprendre à la fois ce qu'est une image, ce que «dit» une image, et surtout *comment* elle le dit.

2.4 Vers une «théorie des signes»

Le travail de Peirce[16] est à cet égard particulièrement précieux. Il n'a pas étudié d'abord et avant tout la langue, mais il a essayé de penser dès le départ une théorie générale des signes (*semiotics*) et une typologie, très générale, qui comprend la langue, bien entendu, mais insérée et relativisée dans une perspective plus large.

> Un signe a une matérialité que l'on perçoit avec l'un ou plusieurs de nos sens. On peut le voir (un objet, une couleur, un geste), l'entendre (langage articulé, cri, musique, bruit), le sentir (odeurs diverses : parfum, fumée), le toucher, ou encore le goûter.
>
> Cette chose que l'on perçoit tient lieu de quelque chose d'autre : c'est la particularité essentielle du signe : être là, présent, pour désigner ou signifier autre chose, d'absent, concret ou abstrait.
>
> La rougeur, la pâleur peuvent être des signes de maladie ou d'émotion ; les sons de la langue que je perçois sont signes des concepts que j'ai appris à leur associer ; la fumée que je sens est signe de feu ; l'odeur de pain frais, signe d'une boulangerie proche ; la couleur grise des nuages est signe de pluie ; tout comme un certain geste de la main, une lettre ou un coup de téléphone peuvent être des signes d'amitié ; je peux aussi croire que la vue d'un chat noir est signe de malheur ; un feu rouge, à un carrefour, est signe d'interdiction de passer avec sa voiture, et ainsi de suite. On voit donc que tout peut être signe dès lors que j'en déduis une signification qui dépend de ma culture, comme du contexte d'apparition du signe. «Un objet réel n'est pas un signe de ce qu'il est mais peut être le signe de quelque chose d'autre[17].»
>
> Il peut constituer un acte de communication dès lors qu'il m'est intentionnellement destiné (un salut, une lettre), ou me fournir des informations simplement parce que j'ai appris à le décrypter (une posture, un type de vêtement, un ciel gris).
>
> Pour Peirce, un signe est «quelque chose, tenant lieu de quelque chose pour quelqu'un, sous quelque rapport, ou à quelque titre».
>
> Cette définition a le mérite de montrer qu'un signe entretient une relation solidaire entre trois pôles au moins (et non plus seulement deux comme chez Saussure) : la face perceptible du signe : «representamen» ou signi-

16. Charles Sanders Peirce, *Écrits sur le signe*, Seuil, 1978.
17. Eliseo Veron, «L'analogique et le contigu», in *Communications* n° 15, Seuil, 1970.

fiant (St), ce qu'il représente : «objet» ou référent, et ce qu'il signifie : «interprétant» ou signifié (Sé).

Cette triangulation représente bien aussi la dynamique de tout signe en tant que processus sémiotique, dont la signification dépend du contexte de son apparition comme de l'attente de son récepteur.

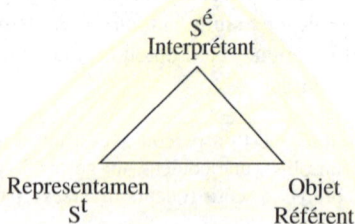

$$S^é$$
$$\text{Interprétant}$$

Representamen   Objet
$$S^t$$ Référent

2.5 Différents types de signes

Dans la langue un mot renvoie à un concept qui peut néanmoins varier selon les circonstances. Souvent nous percevons des sons tellement familiers que nous les oublions pour aussitôt nous concentrer sur leur signification. C'est ce qu'on appelle «la transparence du signifiant». Il suffit cependant d'entendre parler une langue que nous ne connaissons pas pour redécouvrir qu'une langue est d'abord faite de sons.

Nous entendons, par exemple, l'ensemble de sons dont nous connaissons la transcription graphique sous la forme de «bouchon». Ces sons, qui constituent la face signifiante, c'est-à-dire perçue, du mot (ou signe linguistique), tiennent lieu de ou renvoient au concept de «la pièce ordinairement cylindrique entrant dans le goulot d'une bouteille et destiné à le boucher» ; mais selon que je prépare un dîner ou que j'écoute les informations pour me renseigner sur l'état des routes au retour des vacances, le même signifiant (bouchon) aura une signification (ou un signifié) bien différente.

Ces variations d'interprétations ne concernent pas que les signes linguistiques mais tous les types de signes même naturels.

Une sphère lumineuse en position oblique dans le ciel sera reconnue comme le soleil mais pourra être le signe de l'hiver en région tempérée, ou celui du plein été dans les régions nordiques.

Un costume-cravate et une chemise blanche sont considérés comme une tenue stricte et occidentale pour un homme. Portée lors d'une cérémonie officielle, elle signifie la conformité aux usages. Portée pour une sortie entre copains habillés de façon décontractée, elle peut signifier distance ou déguisement.

L'exemple de l'«image» est plus probant encore et peut aider à mieux comprendre sa nature de signe : une photographie (signifiant) représentant un joyeux groupe de personnes (référent) peut signifier, selon le contexte, «photo de famille» ou, dans une publicité, «joie» ou «convivialité» (signifiés).

Ainsi, quoique les signes puissent être multiples et variés, ils auraient tous, selon Peirce, une structure commune, impliquant cette dynamique tripolaire, liant le signifiant au référent et au signifié.

Si les signes ont une structure commune, ils ne sont pas identiques pour autant : un mot n'est pas la même chose qu'une photographie, ni qu'un vêtement, ni qu'un panneau routier, ni qu'un nuage, ni qu'une posture, etc. Et pourtant, tous peuvent *signifier quelque chose d'autre qu'eux-mêmes* et donc se constituer en signes. Pour distinguer la spécificité de chaque type de signe, Peirce a proposé une classification fort complexe.

Nous rappellerons ici un aspect de cette classification, très connu, même s'il est nécessairement partiel, parce qu'il peut nous être très utile pour comprendre le fonctionnement de l'image comme signe.

Il s'agit de la classification où les signes sont distingués en fonction du type de relation qui existe entre le signifiant (la face perceptible) et le référent (le représenté, l'objet) et non le signifié. Dans cette perspective, Peirce propose de distinguer trois grands types de signes : l'icone, l'indice et le symbole.

L'icone correspond à la classe des signes dont le signifiant entretient une relation d'analogie avec ce qu'il représente, c'est-à-dire avec son référent. Un dessin figuratif, une photographie, une image de synthèse représentant un arbre ou une maison sont des icones dans la mesure où ils «ressemblent» à un arbre ou à une maison.

Mais la ressemblance peut être autre que visuelle, et l'enregistrement ou l'imitation du galop d'un cheval peuvent être, en théorie, considérés eux aussi comme une icone, au même titre que n'importe quel signe imitatif : parfums synthétiques de certains jouets pour enfant, grain du skaï imitant le cuir au toucher, goût synthétique de certains aliments.

L'*index* ou *indice* correspond à la classe des signes qui entretiennent avec ce qu'ils représentent une relation causale de contiguïté physique. C'est le cas des signes dits «naturels» comme la pâleur pour la fatigue, la fumée pour le feu, le nuage pour la pluie, mais aussi la trace laissée par le marcheur sur le sable, ou par le pneu d'une voiture dans la boue.

Enfin le *symbole* correspond à la classe des signes qui entretiennent avec leur référent une relation de convention. Les symboles classiques tels que les drapeaux pour les pays, ou la colombe pour la paix, entrent dans cette catégorie mais aussi le langage, considéré ici comme un système de signes conventionnels.

Cette classification n'a pas manqué d'être abondamment exploitée, comme abondamment critiquée. Si nous la reprenons à notre tour, c'est qu'elle nous semble particulièrement utile à la compréhension des images et des différents types d'images, ainsi qu'à la compréhension de leur mode de fonctionnement. Bien sûr elle demande à être nuancée, et Peirce le premier s'y est employé en précisant qu'il n'y a pas de signe pur, mais seulement des caractéristiques dominantes.

Une icone aussi évidente qu'un dessin réaliste a sa part de convention représentative et donc de symbole au sens peircien du terme. Nous ne voulons pas parler ici des significations conventionnelles que l'on peut donner à un dessin, même le plus réaliste (comme la paix pour le dessin d'une colombe), mais montrer que la façon de dessiner elle-même respecte des règles représentatives convenues, comme celles de la perspective, par exemple.

L'indice lui-même peut avoir une dimension iconique lorsqu'il ressemble à ce qu'il représente : les traces de pas ou de pneu ressemblent au pied ou au pneu mêmes.

Enfin les signes conventionnels peuvent avoir leur part d'iconicité : les onomatopées, dans la langue (cocorico, par exemple), ressemblent à ce qu'elles représentent, de même que certains symboles comme les anneaux du drapeau olympique pour représenter les cinq continents et par conséquent les entités nationales.

2.6 L'image comme signe

En ce qui concerne l'image, Peirce ne s'arrête pas là dans sa typologie des signes et va la faire effectivement rentrer dans sa classification comme une sous-catégorie de l'icone.

En effet s'il considère que l'icone correspond à la classe des signes dont le signifiant a une relation analogique avec ce qu'il représente, il considère aussi que l'on peut distinguer différents types d'analogie et donc différents types d'icone, qui sont l'image à proprement parler, le diagramme et la métaphore.

La catégorie de l'*image* rassemble alors les icones qui entretiennent une relation d'analogie qualitative entre le signifiant et le référent. Un dessin, une photo, une peinture figurative reprennent les qualités formelles de leur référent : formes, couleurs, proportions, qui permettent de les reconnaître.

Le *diagramme*, lui, utilise une analogie relationnelle, interne à l'objet : ainsi l'organigramme d'une société représente son organisation hiérarchique, le plan d'un moteur l'interaction des différentes pièces, alors qu'une photographie en serait l'image.

Enfin, la *métaphore* serait une icone qui travaillerait, elle, à partir d'un parallélisme qualitatif. On se rappelle que la métaphore est une figure de rhétorique. À l'époque où travaillait Peirce on considérait encore que la rhétorique ne concernait qu'un traitement particulier de la langue. On a découvert depuis que la rhétorique était générale et que ses mécanismes pouvaient concerner tous les types de langages, qu'ils soient verbaux ou non. Mais là encore Peirce fait figure de pionnier en considérant, avec le savoir de son époque, que des faits de langue, donc en principe pour lui des «symboles», utilisent néanmoins des procédés généralisables, dont certains, pour lui, relèvent de la catégorie de l'icone. On se rappelle, dans l'exemple de métaphore que nous avions donné plus haut, que le terme de «lion» explicitement formulé, mettait implicitement en parallèle (comparait) les qualités du lion (force et noblesse) et celles de Victor Hugo.

Si nous récapitulons donc la définition théorique de l'image, selon Peirce, nous constatons qu'elle ne correspond pas à tous les types d'icones, qu'elle n'est pas que visuelle, mais qu'elle correspond bien à l'image visuelle dont les théoriciens débattront lorsqu'ils parleront de *signe iconique*. L'image n'est pas le tout de l'icone, mais c'est bel et bien un signe iconique, au même titre que le diagramme et la métaphore.

Même si l'image n'est pas que visuelle, il est clair que, lorsqu'on a voulu étudier le langage de l'image et qu'est apparue la *sémiologie de l'image*, vers le milieu du siècle, cette sémiologie s'est attachée essentiellement à l'étude des messages visuels. L'image est donc devenue synonyme de «représentation visuelle». La question inaugurale de Barthes : «Comment le sens vient-il aux images[18] ?» correspondait à la question «Les messages visuels utilisent-ils un langage spécifique ?» «Si oui, quel

---

18. Roland Barthes, «Rhétorique de l'image», in *Communications*, n°4, Seuil, 1964.

est-il, de quelles unités se constitue-t-il, en quoi est-il différent du langage verbal ? etc.» Cette réduction au visuel n'a pas pour autant simplifié les choses, et on s'est vite aperçu que même une image fixe et unique, qui pouvait constituer un message minimal par rapport à l'image en séquence, fixe et surtout animée (dont la sémiologie du cinéma montrera toute la complexité), constituait un message très complexe. L'objectif de cet ouvrage est précisément de rappeler quelques-uns de ses grands principes de fonctionnement.

Le premier grand principe à retenir est sans doute, selon nous, que ce qu'on appelle une «image» est *hétérogène*. C'est-à-dire qu'elle rassemble et coordonne, au sein d'un cadre (d'une limite), différentes catégories de signes : des «images» au sens théorique du terme (des *signes iconiques*, analogiques), mais aussi des *signes plastiques* : couleurs, formes, composition interne, texture, et la plupart du temps aussi des *signes linguistiques*, du langage verbal. C'est leur relation, leur interaction qui produit du sens que nous avons appris plus ou moins consciemment à décrypter et qu'une observation plus systématique nous aidera à mieux comprendre.

Avant d'aborder ce type d'observation, il nous faut réexaminer ce que les quelques outils de la théorie sémiotique que nous avons évoqués nous permettent de démêler de l'usage multiple et apparemment babélien du terme d'image.

2.7 Comment la théorie aide à comprendre l'usage du mot «image»

Le point commun entre les différentes significations du mot «image» (images visuelles/images mentales/images virtuelles) semble bien être avant tout celui d'*analogie*. Matérielle ou immatérielle, visuelle ou non, naturelle ou fabriquée, une «image», c'est d'abord *quelque chose qui ressemble à quelque chose d'autre*.

Même lorsqu'il ne s'agit pas d'image concrète, mais mentale, le critère seul de ressemblance la définit : soit qu'elle ressemble à la vision naturelle des choses (le rêve, le fantasme), soit qu'elle se construise à partir d'un parallélisme qualitatif (métaphore verbale, image de soi, image de marque).

La première conséquence de cette observation est de constater que ce dénominateur commun de l'analogie, ou de la ressemblance, pose d'emblée l'image dans la catégorie des représentations. Si elle ressemble, c'est qu'elle n'est pas la chose même ; sa fonction est donc d'évoquer, de signifier autre chose qu'elle-même en utilisant le processus de la ressemblance. Si l'image est perçue comme *représentation*, cela veut dire que l'image est perçue comme *signe*.

Deuxième conséquence : elle est perçue comme *signe analogique*. La ressemblance est son principe de fonctionnement. Avant de nous interroger plus avant sur le processus de la ressemblance, nous pouvons en effet constater que le problème de l'image est tellement celui de la ressemblance que les craintes qu'elle suscite viennent précisément des variations de la ressemblance : l'image peut devenir dangereuse aussi bien par excès que par défaut de ressemblance. Trop de ressemblance provoquerait la confusion entre image et représenté. Pas assez de ressemblance, une illisibilité troublante et inutile.

On voit donc que la théorie sémiotique, qui propose de considérer l'image comme icone, c'est-à-dire comme signe analogique, est en phase parfaite avec son usage et peut nous permettre de le mieux comprendre.

Si l'image est bel et bien perçue comme signe, comme représentation analogique, on peut néanmoins déjà noter une distinction majeure parmi les différents types d'images : il y a les images fabriquées et les images enregistrées. Il s'agit d'une distinction fondamentale.

2.8 Imitation/ trace/convention

Les images fabriquées *imitent* plus ou moins correctement un modèle ou, comme dans le cas des images scientifiques de synthèse, en proposent. Leur performance majeure est alors d'imiter avec tant de perfection qu'elles peuvent devenir «virtuelles» et donner l'illusion de la réalité même, sans l'être pour autant. Elles sont alors de parfaits analogons du réel. Des *icones* parfaites.

Les images enregistrées ressemblent le plus souvent à ce qu'elles représentent. La photographie, la vidéo, le film sont considérés comme des images parfaitement ressemblantes, de pures icones, d'autant plus fiables qu'elles sont des enregistrements faits, nous l'avons vu, à partir d'ondes émises par les choses elles-mêmes.

Ce qui distingue donc ces images-là des images fabriquées, c'est qu'elles sont des *traces*. En théorie, ce sont donc des *indices* avant d'être des icones. Leur force vient de là. Nous avons vu, en particulier à propos de l'imagerie scientifique, que ces images-traces abondent. Quoique la plupart du temps illisibles pour le non-spécialiste, elles puisent leur force de conviction dans leur aspect indiciaire et non plus dans leur caractère iconique. *La ressemblance le cède à l'indice.* Dans ce cas, l'opacité donne alors à l'image la force de la chose même et provoque l'oubli de son caractère représentatif. Et c'est cet oubli (bien plus qu'une ressemblance excessive) qui provoque le mieux la confusion entre image et chose, nous le verrons.

Il ne faut pas oublier, en effet, que si toute image est représentation, cela implique qu'elle utilise nécessairement des règles de construction. Si ces représentations sont comprises par d'autres que ceux qui les fabriquent, c'est qu'il y a entre elles un minimum de convention socioculturelle, autrement dit qu'elles doivent une grande part de leur signification à leur aspect de *symbole*, selon la définition de Peirce. C'est en nous permettant d'étudier cette circulation de l'image entre *ressemblance, trace et convention*, c'est-à-dire entre *icone, indice et symbole*, que la théorie sémiotique nous permet de saisir non seulement la complexité mais aussi la force de la communication par l'image.

C'est pourquoi il nous a semblé nécessaire de faire ce rappel théorique avant toute analyse interprétative. Une autre précaution est de définir le type d'image que l'on observe.

Quant à nous, nous travaillerons dans cet ouvrage sur des messages visuels fixes, à double titre de commodité et de modèle.

L'ANALYSE DE L'IMAGE : ENJEUX ET MÉTHODE

1. PRÉMISSES DE L'ANALYSE

1.1 Le refus de l'analyse

Proposer d'analyser ou d'«expliquer» des images semble le plus souvent suspect et provoque des réticences à divers titres :

– Qu'y a-t-il à dire d'un message qui, à cause de la ressemblance, précisément, paraît «naturellement» lisible ?

– Une autre attitude conteste la richesse d'un message visuel par un inévitable et répétitif : «L'auteur a-t-il voulu tout cela ?»

– Une troisième réticence concerne l'image considérée comme «artistique» et que l'analyse dénaturerait, parce que l'art ne serait pas de l'ordre de l'intellect, mais de l'affectif ou de l'émotif.

Il est certain qu'une analyse ne doit pas se faire pour elle-même, mais au service d'un projet. Revenons néanmoins un moment sur les différents types de réticence devant l'analyse évoqués plus haut et sur ce qu'ils révèlent de présupposés quant à l'approche de l'image.

L'image, «langage universel»

Plusieurs raisons expliquent cette impression de lecture «naturelle» de l'image, tout au moins de l'image figurative. En particulier, la rapidité de la perception visuelle ainsi que la simultanéité apparente de la reconnaissance de son contenu et de son interprétation.

Une autre raison en est l'universalité effective de l'image, le fait que l'homme a produit des images dans le monde entier, depuis la Préhistoire jusqu'à nos jours, et que nous nous croyons tous capables de reconnaître une image figurative, quel que soit son contexte historique et culturel. C'est ce type de constat et de croyance qui a pu faire penser un temps que le cinéma «muet» était un langage universel et que l'apparition du parlant risquait de le particulariser et et de l'isoler.

Sans doute existe-t-il, pour l'humanité tout entière, des schémas mentaux et représentatifs universels, des archétypes, liés à l'expérience commune à tous les hommes. Cependant, en déduire que la lecture de l'image est universelle relève d'une confusion et d'une méconnaissance.

La confusion est celle que l'on fait fréquemment entre perception et interprétation. En effet, reconnaître tel ou tel motif ne signifie pas pour autant que l'on comprenne le message de l'image au sein de laquelle le motif peut avoir une signification bien particulière, liée à son contexte interne comme à celui de son apparition, aux attentes et aux connaissances du récepteur. Le fait de reconnaître certains animaux sur les parois des grottes de Lascaux ne nous renseigne pas plus sur leur signification précise et circonstanciée que ne l'a fait pendant longtemps la reconnaissance de soleils, de chouettes ou de poissons dans les hiéroglyphes égyptiens. Donc, encore maintenant, reconnaître des motifs dans les messages visuels et les interpréter sont deux opérations mentales complémentaires, même si nous avons l'impression qu'elles sont simultanées.

D'autre part, la reconnaissance même du motif demande un apprentissage. En effet, même dans les messages visuels qui nous semblent les plus «réalistes», il existe de nombreuses différences entre l'image et la réalité qu'elle est censée représenter. Le manque de profondeur et la bidimensionnalité de la plupart des images, l'altération des couleurs (mieux encore le noir et blanc), le changement de dimensions, l'absence de mouvement, d'odeurs, de température, etc., sont autant de différences, et l'image même est le résultat de tant de transpositions que seul un apprentissage, et un apprentissage précoce, permet de «reconnaître» un équivalent de la réalité, en intégrant les règles de transformation d'une part, et en «oubliant» les différences d'autre part.

C'est cet apprentissage, et non la lecture de l'image, qui se fait de manière «naturelle» dans notre culture où la représentation par l'image figurative a une si grande part. Dès la plus petite enfance, on apprend à lire les images en même temps que l'on apprend à parler. Souvent même les images servent de support à l'apprentissage du langage. Et comme pour l'apprentissage du langage, il y a un seuil d'âge au-delà duquel, si on n'a pas été initié à lire et comprendre des images, cela devient impossible[1].

C'est précisément le travail de l'analyste que de décrypter les significations qu'implique l'apparente «naturalité» des messages visuels. «Naturalité» qui est paradoxalement très spontanément suspectée par ceux-là mêmes qui la trouvent évidente, lorsqu'ils craignent d'être «manipulés» par les images.

Les «intentions» de l'auteur

La deuxième objection relève, avons-nous dit, d'une interrogation sur la justesse de l'interprétation : correspond-elle aux «intentions» de l'auteur, ne les «déforme-t-elle» pas ? N'est-elle pas propre uniquement au récepteur ?

Cette question pose le vaste problème de l'interprétation des messages, qu'ils soient littéraires, visuels, gestuels ou autres. Elle a été au centre des débats autour de la lecture et de la «nouvelle critique» dans les années 1960[2], et soulève la question presque insoluble de la nature de l'interaction auteur-œuvre-public.

Qu'une image soit une production consciente et inconsciente d'un sujet est un fait ; qu'elle constitue ensuite une œuvre concrète et perceptible aussi ; que la lecture de cette œuvre la fasse vivre et se perpétuer, qu'elle mobilise la conscience comme l'inconscient d'un lecteur ou d'un spectateur est inévitable. Il y a en effet bien peu de chances pour que ces trois moments de la vie d'une œuvre, quelle qu'elle soit, coïncident.

Mais si l'on persiste à s'interdire d'interpréter une œuvre sous prétexte qu'on n'est pas sûr que ce que l'on comprend correspond aux intentions de l'auteur, autant arrêter de lire ou de regarder toute image immédiatement. Ce que l'auteur a voulu dire, personne n'en sait rien ; l'auteur lui-même ne

---

1. Cf. Lucien Malson, *Les Enfants sauvages*, UGE, 1959. Il arrive que certaines personnes adultes n'aient jamais vu d'images, parce qu'elles vivent dans les parties reculées de pays où la tradition culturelle n'emploie pas l'image figurative. Les images figuratives restent alors pour ces personnes des agencements de couleurs et de formes qui ne renvoient en aucun cas à des éléments de la réalité.
2. Roland Barthes, *Essais critiques*, Seuil, 1964 ; Hans Robert Jauss, *Pour une esthétique de la réception* (trad. fr.), Gallimard, 1978. Le récent livre de Umberto Eco, *Les Limites de l'interprétation* (trad. fr.), Grasset, 1992, fait le point sur la question.

maîtrise pas tout de la signification du message qu'il produit. Lui non plus n'est pas l'autre, n'a pas vécu à la même époque, ni dans le même pays, n'a pas les mêmes attentes... Interpréter un message, l'analyser, ne consiste certainement pas à essayer de retrouver au plus près un message préexistant, mais à comprendre ce que ce message-là, dans ces circonstances-là, provoque de significations ici et maintenant, tout en essayant d'y démêler ce qui est personnel de ce qui est collectif. Il faut en effet et bien entendu des garde-fou et des points de repère à une analyse. Ces points de repère, on pourra précisément aller les chercher dans les points communs que mon analyse peut avoir avec celle d'autres lecteurs comparables à moi. Certainement pas dans d'hypothétiques intentions de l'auteur.

Le message est là : voyons-le, examinons-le, comprenons ce qu'il suscite en nous, comparons avec d'autres interprétations ; le noyau résiduel de cette confrontation pourra alors être considéré comme une interprétation raisonnable et plausible du message, à un moment X, dans des ciconstances Y.

Ce souci des «intentions» de l'auteur, s'il se justifie dans l'étude de textes anciens, pour lesquels, par exemple, le sens des mots a beaucoup évolué, est une tyrannie héritée précisément des explications de textes traditionnelles, qui a empêché des générations et des générations d'enfants et d'adolescents de réfléchir par eux-mêmes aux textes qu'ils lisaient, incapables qu'ils étaient de retrouver «les intentions» de l'auteur[3]. Étudier les circonstances historiques de la création d'une œuvre pour la mieux comprendre peut être nécessaire, mais n'a rien à voir avec la découverte des «intentions» de l'auteur.

Ce que nous voulons dire par là, c'est que, pour analyser un message, il faut commencer par se placer délibérément du côté où nous sommes, à savoir celui de la *réception*. Cela n'évacue bien évidemment pas la nécessité d'étudier l'historique de ce message (de son apparition comme de sa réception), mais encore faut-il éviter de s'interdire de comprendre, à cause de critères d'évaluation plus ou moins scabreux.

L'art «intouchable»

La dernière résistance à l'analyse que nous voudrions évoquer, quoiqu'il en existe certainement d'autres, est celle de l'analyse des œuvres dites «d'art»

---

3. Qui n'a recherché, désespérément, les «intentions» de Molière ou de Corneille ?

et qui concerne très largement l'«image». Cela pour deux raisons principales, nous semble-t-il.

Tout d'abord parce que le domaine de l'art est considéré beaucoup plus comme relevant de l'expression que de la communication ; ensuite à cause de l'«image de l'artiste»[4] que notre civilisation véhicule.

On peut dire, d'une manière générale que tant qu'une œuvre d'art, ou une image, est restée une production collective ou anonyme, cela indiquait que l'œuvre était au service d'une religion, d'un rite ou, au sens plus large, d'une fonction magique. La nécessité de nommer l'artiste manifeste une vision de l'art en tant que tel, c'est-à-dire comme recherche d'une réussite esthétique spécifique — ce que «l'art pour l'art» a poussé à l'extrême — qui s'affirme dans le désir grandissant de lier le nom du maître à son œuvre.

Dès l'Antiquité grecque, des textes nous livrent des noms d'artistes (comme Zeuxis ou Apelle) et inaugurent une tradition de biographies d'artistes en Occident. Même si ce fait reste encore rare au Moyen Âge, la figure de l'artiste, à travers sa biographie, acquiert un statut autonome. La lecture de ces textes, depuis l'Antiquité jusqu'à nos jours en passant par la Renaissance, révèle bien une évolution historique de l'image de l'artiste qui déplace, mais ne supplante pas pour autant, les anciens modèles du «respect grandissant porté à la créativité du *divino artista*». Quel que soit le monde en marge où évolue l'artiste (de la cour princière à la bohème), celui-ci n'est pourtant pas isolé : «il appartient à la grande famille des génies». Le plus souvent l'artiste se caractérise par sa précocité, sa virtuosité, un caractère énigmatique et des pouvoirs quasi magiques. Même si la tendance contemporaine tend à faire disparaître les anecdotes biographiques au profit de l'aspect créateur de l'artiste, celui-ci n'a pas encore disparu derrière son œuvre, et dès lors une analyse rationnelle de son art continue d'être ressentie comme une sorte de crime de lèse-majesté, aussi déplacé qu'inutile.

D'autre part, on a l'habitude de considérer le domaine de l'art comme opposé à celui de la science, de penser que l'expérience esthétique relève

---

4. Les remarques qui suivent sont en grande partie empruntées à l'ouvrage de Ernst Kris et Otto Kurz, *L'Image de l'artiste, légende, mythe et magie* (trad. fr.), Rivages, 1979.

d'une pensée particulière, irréductible à la pensée verbale. Ce préjugé accompagne tout désir de «méthode» d'analyse des œuvres (comme de l'institution artistique elle-même) «d'une série de réserves et de précautions tendant à souligner la complexité inépuisable, la richesse concrète des phénomènes esthétiques[5]». En dernier ressort, et «sous des espèces théoriques plus ou moins sophistiquées», il cherche à «préserver quelque chose de leur secret, sinon de leur (ineffable ?) mystère». Le bien-fondé d'une approche des œuvres d'art, et par conséquent de l'image, sur le «mode» de la connaissance, qu'il soit sociologique ou sémiologique, est alors éminemment suspecté.

1.2 Fonctions de l'analyse de l'image

Cependant l'analyse de l'image, y compris de l'image artistique, peut remplir différentes fonctions aussi variées que de faire plaisir à l'analyste, d'augmenter ses connaissances, d'enseigner, de permettre de lire ou de concevoir plus efficacement des messages visuels.

Le *goût* pour l'analyse, quel que soit son objet, correspond sans doute à un tempérament. On peut en effet s'interroger sur «l'imaginaire» de l'analyste[6]. Un désir de mieux comprendre, qui demande une déconstruction artificielle («casser le joujou»), pour observer les différents rouages («regarder comment ça marche») avec l'espoir, peut-être illusoire, d'une reconstruction interprétative mieux fondée. Sans doute ce type de démarche vient-il servir un désir bien particulier de maîtrise de l'objet et de ses significations. Celle-ci se distingue fondamentalement, par exemple, de celle du cinéphile, dont le tempérament s'apparente plus à celui du collectionneur qui thésaurise et accumule les objets qu'il aime. L'analyste, lui, préfère les démonter, et s'il les multiplie (et finit par ressembler au collectionneur), c'est parce que jamais l'objet reconstitué n'est identique à l'original. Le voilà donc amené à recommencer l'expérience sur un objet nouveau, et ainsi de suite... On peut ainsi comprendre que l'analyse soit insupportable à certains qui y voient une menace pour l'intégrité et l'authenticité de leur expérience.

---

5. Hubert Damisch, «Sociologie de l'art» in *Encyclopedia universalis*.
6. Comme le fait Christian Metz sur «L'imaginaire du chercheur» dans *Le Signifiant imaginaire*, UGE, 1977.

Cependant il est faux de croire que l'habitude de l'analyse tue le plaisir esthétique, bloque la «spontanéité» de la réception de l'œuvre. Il faut se rappeler que l'analyse est toujours un travail, qui demande du temps et qui ne peut se faire spontanément. En revanche, sa pratique peut, a posteriori, augmenter la jouissance esthétique et communicative des œuvres, car elle aiguise le sens de l'observation et le regard, augmente les connaissances et permet ainsi de saisir plus d'informations (au sens large du terme) dans la réception spontanée des œuvres.

Enfin, que l'ignorance soit une caution de plaisir reste à démontrer, qu'elle soit un auxiliaire de la compréhension, certainement pas. Or comprendre aussi est un plaisir.

C'est pourquoi une des fonctions primordiales de l'analyse en est la *fonction pédagogique*. Si elle peut s'exercer dans un cadre institutionnel tel que l'école ou l'université[7], l'analyse à visée pédagogique ne lui est pas réservée. Elle peut se faire sur les lieux de travail, au titre de la formation continue, mais aussi dans les médias utilisant eux-mêmes l'image[8]. Cela peut en effet être une bonne façon de permettre au spectateur d'échapper à l'impression de manipulation, tellement redoutée par ailleurs.

Démontrer que l'image est bien un langage, un langage spécifique et hétérogène ; qu'à ce titre, elle se distingue du monde réel, et qu'elle en propose, au moyen de signes particuliers, une représentation choisie et nécessairement orientée ; distinguer les principaux outils de ce langage et ce que signifie leur présence ou leur absence ; relativiser sa propre interprétation tout en en comprenant les fondements ; autant de gages de liberté intellectuelle que l'analyse pédagogique de l'image peut apporter.

Enfin une des fonctions de l'analyse de l'image peut être la *recherche* ou la *vérification* des causes du bon fonctionnement ou, au contraire, du mauvais fonctionnement d'un message visuel. Cette utilisation de l'analyse se retrouve principalement dans le domaine de la publicité et du marketing. Elle a souvent recours non seulement à des praticiens mais aussi à des théo-

---

7. De nombreuses «expériences» pédagogiques, mises en place dès les années 1970 dans des établissements scolaires, ont débouché sur un début d'institutionnalisation de l'enseignement de l'image, et plus particulièrement du cinéma.

8. La BBC, par exemple, a diffusé, à destination du grand public, des documents pédagogiques sur la communication visuelle et ses enjeux. Arte a consacré une soirée thématique à ce sujet, mais cela reste tout à fait exceptionnel.

riciens, et plus particulièrement à des sémioticiens. L'approche sémiotique de la communication publicitaire s'avère en effet fructueuse pour sa compréhension et l'amélioration de ses performances. Ici, moins de réticences vis-à-vis de la théorie, moins de ratiocinations quant au coût de l'analyse, mais au contraire l'espoir que l'analyse sémiotique sera un gage d'efficacité et donc de rentabilité. Dès l'apparition de la «sémiologie de l'image», de grands théoriciens[9] se sont distingués au sein d'agences de publicité. De nos jours, même si les chercheurs en sémiotique se trouvent plutôt à l'université, nombre d'agences de conseil en communication ou en publicité et marketing[10] n'hésitent pas à les consulter comme experts sur des cas pratiques qui posent problème[11]. Certains reprochent à ce type d'études de ne servir que de recettes en vue de l'efficacité commerciale. C'est oublier qu'une bonne analyse se définit d'abord par ses objectifs (en l'occurence, analyser pour mieux communiquer et mieux vendre) ; cela n'empêche en rien que certains de ses résultats puissent être utiles pour une *recherche théorique* plus fondamentale.

En effet, on trouve, dans les écrits théoriques, nombre d'analyses de films, de publicités visuelles, d'émissions de télévision qui servent d'exemple à des propositions théoriques aussi variées que la recherche d'unités de signification, de règles de syntaxe, de modes d'énonciation, de traitement du spectateur et ainsi de suite. Nous verrons plus loin que la publicité a servi de terrain favori au départ de ce type de recherche.

1.3 Objectifs et méthodologie de l'analyse

Une bonne analyse se définit d'abord par ses objectifs, avons-nous dit. Définir l'objectif d'une analyse est en effet indispensable pour mettre en place ses outils mêmes, tout en se rappelant qu'ils déterminent hautement et l'objet de l'analyse et ses conclusions. En effet, l'analyse pour elle-

---

9. Tels que Jacques Durand ou Georges Péninou, par exemple, qui appartenaient au département recherche de Publicis.
10. Les 2e Journées internationales de Sémiotique (Sémiotique et marketing), tenues à Blois en juillet 1992, présentaient des travaux de chercheurs pour des agences internationales.
11. Jean-Marie Floch, *Sémiotique, marketing et communication. Sous les signes, les stratégies*, PUF, 1990.

même ne se justifie pas plus qu'elle n'a d'intérêt. Elle doit servir un projet et c'est celui-ci qui lui donnera son orientation comme il permettra d'élaborer sa méthodologie. Pas de méthode absolue pour l'analyse, mais des choix à faire, ou à inventer, en fonction des objectifs.

Recherche d'une méthode : Roland Barthes

Ainsi, lorsque Roland Barthes[12] se fixe pour objectif de chercher si l'image contient des signes et quels ils sont, il invente sa propre méthodologie.

Elle consiste à postuler que ces signes à trouver ont la même structure que celle du signe linguistique, proposée par Saussure : un signifiant relié à un signifié. Ensuite Barthes considère que, s'il part de ce qu'il comprend du message publicitaire qu'il analyse, il tient des signifiés ; donc, en cherchant le ou les éléments qui provoquent ces signifiés, il leur associera des signifiants et trouvera alors des signes pleins. C'est ainsi qu'il découvre que le concept d'*italianité* qui ressort largement d'une fameuse publicité pour les pâtes Panzani, est produit par différents types de signifiants : un signifiant *linguistique*, la sonorité «italienne» du nom propre ; un signifiant *plastique*, la couleur, le vert, le blanc et le rouge évoquant le drapeau italien ; et enfin des signifiants *iconiques* représentant des objets socioculturellement déterminés : tomates, poivrons, oignons, paquets de pâtes, boîte de sauce, fromage… Les conclusions théoriques que nous pouvons tirer actuellement de cette recherche n'ont pas été toutes envisagées à l'époque, tant la recherche était neuve. Mais la méthode mise en place ici — partir des signifiés pour trouver les signifiants, et donc les signes, qui composent l'image — s'est montrée parfaitement opératoire. Elle permet de montrer que l'image est composée de différents types de signes : linguistiques, iconiques, plastiques, qui concourent ensemble à construire une signification globale et implicite, intégrant, dans ce cas précis, le chant de la langue, l'idée de nation et celle de cuisine méditerranéenne.

Découverte du message implicite

Si le projet est de découvrir plus précisément les messages implicites véhiculés par une publicité, ou n'importe quel autre message visuel, la méthode utilisée peut être absolument inverse. On peut recenser systématiquement

---

12. Roland Barthes, «Rhétorique de l'image», *art.cit.*

les différents types de signifiants co-présents dans le message visuel concerné et leur faire correspondre les signifiés qu'ils appellent, par convention ou par usage. La formulation de la synthèse de ces différents signifiés pourra être alors considérée comme une version plausible du message implicite véhiculé par l'annonce. On donnera un exemple de ce type de méthodologie au chapitre suivant. Mais il est clair que l'interprétation ainsi proposée devra être relativisée par le contexte d'émission et de réception du message et qu'elle gagnera en plausibilité si elle est effectuée en groupe. Comme nous l'avons signalé plus haut, les points communs d'une analyse collective constitueront des «limites» plus raisonnables et plus vérifiables de l'interprétation, que celles des prétendues «intentions» de l'auteur.

La recherche de la nature des différents éléments composant le message peut se faire, quant à elle, par le procédé classique de la permutation, éprouvé en linguistique. Les deux principes de base étant ceux d'*opposition* et de *segmentation*.

En ce sens l'étude du langage verbal est plus simple car c'est un langage discontinu, constitué d'unités discrètes que l'on peut distinguer les unes des autres car elles diffèrent les unes des autres (ou s'opposent) clairement. Pour les isoler, il suffit de les permuter et c'est par ce procédé même que le petit enfant apprend à parler.

Un exemple rappellera comment on distingue les unités de première articulation, ou phonèmes : en permutant le premier phonème du mot (mèr), on trouve (pèr), (gèr), (vèr), (fèr), (sèr), (tèr), ou encore (jèr). L'étude des différentes graphies que peuvent emprunter ces différents mots, ou unités de deuxième articulation (monèmes), fait l'objet d'un autre apprentissage. On trouvera «mère ou maire ou mer», «père ou pair ou paire», «guerre», «verre ou vert ou vers», «fer ou faire», «serre ou sert», «terre», «gère»… À l'écrit, la différence de sens de ces différents mots est immédiatement perceptible grâce à l'orthographe (dont on aperçoit la difficulté ici). À l'oral, c'est le contexte qui indiquera comment interpréter ces sons identiques.

L'apprentissage des unités de signification se fait donc par ce même procédé de permutation. L'opposition des différentes unités n'étant pas perceptible à l'oral (la chaîne parlée semble continue), c'est l'usage qui apprend à la repérer : j'apprends que je peux dire «le» ou «ce» ou «mon» ou «un» ou «quelque» avant un nom quelconque. Je peux remplacer un nom par un autre nom, un verbe par un autre verbe, etc. On connaît les «ratés» de ce type d'apprentissage par les fausses segmentations que font parfois les enfants à cause des liaisons phoniques : «un ascenseur, le nascenseur*.»

Le langage visuel est différent, et sa segmentation pour l'analyse est plus complexe. Cela vient du fait qu'il ne s'agit pas d'un langage discret ou discontinu, comme la langue, mais d'un langage continu. Nous n'aborderons pas ici l'historique des débats théoriques sur les fondements et la pertinence de la segmentation du langage visuel [13]. Mais, d'un point de vue méthodologique, nous retiendrons encore une fois le principe de la permutation comme moyen de distinguer les différentes composantes de l'image. Cela demande un peu d'imagination mais peut se révéler très efficace.

En effet, le principe de la permutation permet de repérer une unité, un élément relativement autonome, en le remplaçant par un autre. Cela demande donc que j'aie à ma disposition, mentalement, d'autres éléments similaires mais non présents dans le message : des éléments substituables. Ainsi, je vois du rouge, et pas du vert, ni du bleu, ni du jaune, etc. Je vois un cercle, et pas un triangle, ni un carré, ni un rectangle, etc. Je vois des lignes courbes et pas des lignes droites, etc. Ce type d'association mentale permettant de repérer les éléments composant l'image (ici des signes plastiques : la couleur, les formes) s'étend à la distinction des différentes classes d'éléments : je vois un homme, et pas une femme, et pas un enfant, et pas un animal, et pas personne... ; ses vêtements sont des vêtements de campagne, et pas de ville, et pas de soirée... (des signes iconiques : des motifs reconnaissables) ; il y a du texte écrit, et pas rien ; il est noir, et pas rouge, et ainsi de suite... (des signes linguistiques : du texte).

Ce type d'association mentale, qui aide à distinguer les différents éléments les uns des autres, a le mérite de permettre d'interpréter les couleurs, les formes, les motifs, *pour ce qu'ils sont*, ce que l'on fait relativement spontanément, mais aussi et surtout *pour ce qu'ils ne sont pas*. En effet, cette méthode ajoute à l'analyse simple des éléments présents celle du *choix* de ces éléments parmi d'autres, ce qui l'enrichit considérablement.

---

13. On peut se reporter, pour cela, à Martine Joly, *L'Image et les Signes* (chap. 3), *op. cit.*

Présence/absence

Nous avons dit que ce type d'interprétation demandait un peu d'imagination. C'est bien le cas puisque, pour mieux comprendre ce que le message me présente concrètement, je dois faire l'effort d'imaginer ce que j'aurais pu y voir d'autre. En réalité, les possibilités de choix sont toujours tellement multiples et variées que l'effort à faire n'est pas si intense que cela. En revanche, il est toujours très instructif. Par exemple, le simple fait de noter, en publicité, en journalisme, en politique ou ailleurs, que tel argument m'est présenté par un homme (et pas par une femme) est nécessairement significatif et se doit d'être interprété. Bien entendu, l'interprétation devra s'appuyer sur un certain nombre de données vérifiables, ou admises, pour ne pas devenir totalement fantaisiste.

Ainsi, la présence comme l'absence d'un élément relèvent d'un choix que l'analyse doit prendre en considération, autant que possible. Pour ce faire, elle ne fera qu'appliquer au langage visuel une loi fondamentale de fonctionnement du langage verbal et qui semble commune à tous les langages. Une loi sémiologique, donc, celle de la double axialité du langage.

En effet tout message, sous quelque forme qu'il se manifeste, se développe d'abord selon un axe horizontal, appelé axe syntagmatique, parce qu'il présente les différents éléments du message «ensemble» (du grec *sun* = ensemble, et *taxis* = ordre, disposition), co-présents, que ces éléments se succèdent dans le temps (comme dans le cas du langage parlé ou de l'image mouvante) ou dans l'espace (comme dans le cas du langage écrit ou de l'image fixe).

On a un message : «a, b, c, d, etc.»
et pas : «a', b', c', d', etc.»
ni : «a'', b'', c'', d'', etc.»

Comme nous l'avons expliqué plus haut, chaque élément présent a été choisi parmi une classe d'autres éléments absents, mais qui peuvent lui être associés d'une façon ou d'une autre. C'est l'axe vertical, dit paradigmatique (du grec *paradeigma* = exemple). Cet axe vertical, Saussure l'appelle aussi l'axe associatif, parce qu'en effet le choix se fait à partir d'associations mentales qui peuvent être de différentes natures.

Rappelons, pour mieux comprendre, l'exemple proposé par Saussure lui-même [14] : si j'emploie le mot «enseignement», je peux l'avoir choisi dans la

---

14. Dans le *Cours de linguistique générale*, *op. cit.*

classe de ses synonymes, tels que «instruction, éducation, apprentissage» ; mais aussi dans celle des noms en «-ment» comme «armement, ou enrichissement, louvoiement, firmament», etc. ; j'ai pu encore le choisir, pour sa sonorité, dans la classe de tous les mots en «-ment», qu'il s'agisse de noms, d'adverbes ou d'adjectifs, tels que «vraiment, absolument, charmant, clément, justement, bâtiment», etc. On voit donc que les associations peuvent être des associations de sens, ou plutôt grammaticales ou encore euphoniques ou rythmiques.

Comme nous l'avons signalé plus haut, il en sera donc de même dans un message visuel où les éléments perçus, repérables par permutation, trouveront leur signification non seulement par leur présence mais aussi par l'absence de certains autres qui leur sont néanmoins mentalement associés. Cette méthode peut ainsi être un outil d'analyse très fructueux, selon encore une fois ce que nous nous sommes fixé comme objectif à chercher dans le message visuel concerné.

On voit donc qu'avant d'entrer dans le vif de l'analyse, la définition de ses objectifs devra à la fois la justifier et déterminer sa méthodologie, que celle-ci soit déjà éprouvée ou demande d'inventer ses propres outils.

2. L'IMAGE, MESSAGE POUR AUTRUI

Si la définition des objectifs, comme celle des outils de l'analyse de l'image, sont des prémisses indispensables à son exercice, ils ne sont pas les seuls. Deux autres types de considérations devront précéder l'analyse du message visuel lui-même : ce sont l'étude de sa fonction d'une part et de son contexte d'apparition d'autre part.

2.1 Fonctions de l'image

Considérer l'image comme un message visuel composé de différents types de signes revient, nous l'avons déjà dit, à la considérer comme un langage et donc comme un outil d'expression et de communication. Qu'elle soit expressive ou communicative, on peut admettre qu'une image constitue en effet toujours un *message pour autrui,* même lorsque cet autrui est soi-même. C'est pourquoi une des précautions nécessaires à prendre pour comprendre au mieux un message visuel est de chercher pour qui il a été produit.

Cependant identifier le destinataire du message visuel ne suffit pas à comprendre à quoi il est censé servir. La *fonction* du message visuel est en effet, elle aussi, déterminante pour la compréhension de son contenu.

Ainsi, pour distinguer le destinataire et la fonction d'un message visuel, il nous faut avoir des critères de référence. Dans ce sens, deux méthodes se proposent à nous et peuvent se montrer opératoires :

– la première consiste à situer les différents types d'images dans le schéma de la communication ;

– la seconde à comparer les usages du message visuel à ceux des principales productions humaines destinées à établir un rapport entre l'homme et le monde.

2.2 Image et communication

Il n'est sans doute pas inutile à ce stade de rappeler la démarche qui va nous servir de référence, à savoir celle du linguiste russe Roman Jakobson qui a déclaré : «Le langage doit être étudié dans toute la variété de ses fonctions[15].» Pour ce faire, Jakobson propose «un aperçu sommaire portant sur les facteurs constitutifs de tout procès linguistique, de tout acte de communication verbale» et il élabore le fameux schéma à six pôles des «facteurs inaliénables» de la communication verbale, qui a ensuite été repris comme schéma de base des facteurs constitutifs de tout acte de communication, dont la communication visuelle, bien entendu :

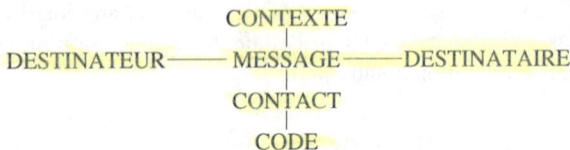

CONTEXTE
|
DESTINATEUR —— MESSAGE —— DESTINATAIRE
|
CONTACT
|
CODE

Tout message requiert d'abord un contexte, appelé aussi référent, auquel il renvoie ; il requiert ensuite un code au moins en partie commun au destinateur et au destinataire ; il lui faut aussi un contact, canal physique entre les protagonistes qui permet d'établir et de maintenir la communication.

Ce schéma très connu, et qui a donné lieu à de multiples analyses, interprétations ou modifications, reste néanmoins tout à fait opératoire pour comprendre les principes de base de la communication, verbale ou non.

---

15. Dans Roman Jakobson, *Essais de linguistique générale*, Seuil, Points, 1963.

Ce que nous dit Jakobson ensuite, c'est que chacun de ces six facteurs donne naissance à une fonction linguistique différente, selon que le message a pour visée ou est centré sur l'un ou l'autre de ces facteurs, y compris sur lui-même. On peut alors représenter les différentes fonctions du langage par un schéma reprenant la structure de celui de la communication :

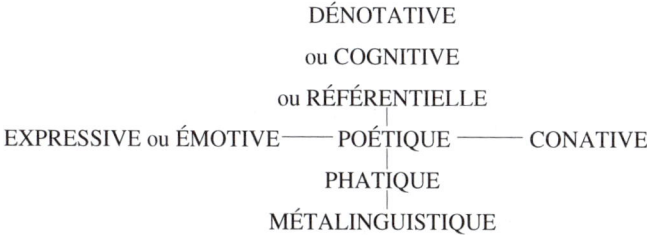

DÉNOTATIVE

ou COGNITIVE

ou RÉFÉRENTIELLE
|
EXPRESSIVE ou ÉMOTIVE —— POÉTIQUE —— CONATIVE
|
PHATIQUE
|
MÉTALINGUISTIQUE

Bien entendu aucun message d'aucune sorte ne monopolise une et une seule de ces fonctions. Il en aura une dominante, qui déterminera sa facture, mais n'éliminera pas pour autant la participation secondaire des autres fonctions qu'il faudra aussi observer attentivement.

Rappelons rapidement les caractéristiques de ces différentes fonctions[16] :

– La fonction dite *dénotative*, ou *cognitive*, ou *référentielle*, concentre le contenu du message sur ce dont il parle ; elle est dominante dans de nombreux messages, ou se donne comme telle, mais une écoute ou une lecture attentive permettent de déceler la manifestation concomitante d'autres fonctions. Aucun message ne peut être abolument dénotatif, même s'il y prétend, comme le langage journalistique ou scientifique[17].

– La fonction dite *expressive* ou *émotive* est centrée sur le destinateur ou émetteur du message et le message sera alors plus manifestement « subjectif ».

– La fonction *conative* (du latin *conatio* = effort, tentative) du langage sert à manifester l'implication du destinataire dans le discours et la manifeste par toutes sortes de procédés tels que l'interpellation, l'impératif ou l'interrogation.

– La fonction *phatique*, elle, concentre le message sur le contact. Elle se manifeste à travers des formules ritualisées comme le « allô ? » du téléphone

---

16. Pour plus de détails, on peut se reporter au texte de Jakobson lui-même, in *Essais de linguistique générale*, *op. cit.*, p. 214 et suivantes, ainsi qu'au rappel des critiques qui lui ont été faites in Catherine Kerbrat-Orecchioni, *L'Énonciation. De la subjectivité dans le langage*, Armand Colin, 1980.

17. Cf. Catherine Kerbrat-Orrechioni, *op. cit.*

ou les bribes de conversations apparemment «vides» d'informations, telles que «alors ça va», «eh bien» etc., qui servent essentiellement à maintenir le contact physique entre les partenaires.

– La fonction *métalinguistique* a pour objet l'examen du code employé tandis que la fonction *poétique* travaille sur le message lui-même en manipulant son côté palpable et perceptible, tel que les sonorités ou le rythme pour la langue.

Ce rappel fait, nous constatons immédiatement que ces fonctions reconnues au langage verbal ne sont pas sa seule propriété mais que l'on peut les retrouver dans d'autres langages. On peut ainsi essayer de faire un classement des différents types d'images à partir de leurs fonctions communicatives[18]. Cette classification, à examiner et critiquer au coup par coup, peut servir d'exemple des questions à se poser pour déterminer le cadre de l'analyse d'un message visuel.

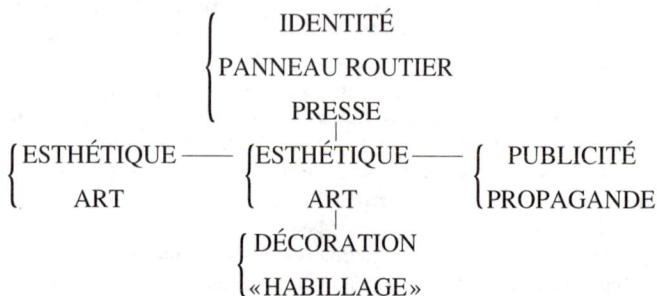

$$
\begin{cases}
\text{IDENTITÉ} \\
\text{PANNEAU ROUTIER} \\
\text{PRESSE}
\end{cases}
$$

$$
\begin{cases} \text{ESTHÉTIQUE} \\ \text{ART} \end{cases} \text{———} \begin{cases} \text{ESTHÉTIQUE} \\ \text{ART} \end{cases} \text{———} \begin{cases} \text{PUBLICITÉ} \\ \text{PROPAGANDE} \end{cases}
$$

$$
\begin{cases} \text{DÉCORATION} \\ \text{«HABILLAGE»} \end{cases}
$$

Ce schéma n'est là qu'à titre d'exemple et montre à quel point ce type de classification est nécessairement incomplet et surtout très délicat : certaines images sont difficiles à classer. C'est le cas pour les photographies de presse : elles sont censées avoir d'abord une fonction référentielle, cognitive, mais elles se situent en réalité entre fonction référentielle et fonction expressive ou émotive. Un reportage témoigne bien d'une certaine réalité, mais rend compte aussi de la personnalité, des choix, de la sensibilité du photographe qui le signe.

---

18. Ce qu'a fait Georges Péninou au sujet de l'image publicitaire, in «Physique et métaphysique de l'image publicitaire», in *Communications*, n°15, Seuil,1970.

De même la photo de mode, image implicative s'il en est, et donc conative, navigue elle aussi entre l'expressif, manifesté par «le style» du photographe, le poétique, manifesté par le travail des différents paramètres de l'image (éclairage, pose…), et le conatif, c'est-à-dire l'implication du spectateur, éventuel futur acheteur.

D'autre part, il y a au moins une fonction que l'image ne peut pas avoir, sinon très difficilement, c'est la fonction métalinguistique. Celle-ci, qui consiste à «parler» de ses propres codes avec ses propres codes lui semble quasi inaccessible, à cause de son manque de capacité assertive.

En effet, l'image, même comparée au langage parlé par conformisme ou par commodité, en est cependant fondamentalement différente dans la mesure où précisément elle ne peut ni affirmer ni dénier quoi que ce soit, pas plus qu'elle ne peut se focaliser sur elle-même.

La langue peut expliquer ce qu'est la construction positive ou négative d'une phrase, quelles en sont les marques et la nature des éléments qui entrent en jeu. L'image ne peut faire ce type de focalisation sur elle-même : elle ne peut tenir un discours métalinguistique. Même les tentatives qui ont été menées dans ce sens telles que la peinture de tableaux monochromes cherchant à exalter la couleur pour la couleur, ou encore les collages exhibant les outils mêmes de la peinture (pinceaux, tubes de peinture), restent ambiguës. En effet, même accompagnés de légendes verbales directrices, ces essais ne peuvent juguler l'interprétation ni l'imagination du spectateur, tandis que l'énoncé d'une règle de grammaire, elle, cerne strictement son propos.

Une autre précaution à prendre, lorsque l'on cherche à déterminer la fonction langagière ou communicative de l'image, est de distinguer la fonction explicite de la fonction implicite, qui peut être fort différente. L'observation de l'usage du message visuel analysé, ainsi que de son rôle socioculturel, peut se montrer à cet égard très précieuse. C'est ainsi que le sociologue Pierre Bourdieu a pu montrer que la photo de famille [19], dont la fonction semble de prime abord référentielle (untel à tel âge, la maison de famille, etc.) avait pour fonction essentielle de renforcer la cohésion du groupe familial, donc une fonction dominante plus phatique que référentielle.

Ce détour par le rappel, à titre de modèle, des fonctions du langage, veut insister sur le fait que la fonction communicative d'un message visuel,

---

19. Pierre Bourdieu, *La Photographie, un art moyen*, Minuit, 1965.

explicite ou implicite, détermine fortement sa signification. Sa prise en compte est donc impérative dans le cas d'une analyse d'image.

2.3 L'image comme intercession

Outil de communication entre les personnes, l'image peut aussi servir d'outil d'intercession entre l'homme et le monde même. En l'occurrence, l'image n'est pas tant considérée sous son aspect de communication que «comme production humaine visant à établir un rapport avec le monde»[20].

Intermédiaire avec l'Au-delà, le Sacré, la Mort, elle peut avoir, comme nous l'avons signalé plus haut, fonction de *symbole*, mais aussi de *double*. L'icône byzantine, par exemple, était considérée par les iconophiles comme un outil d'intercession vers Dieu, par l'intermédiaire de la beauté, mais par les iconoclastes comme un double blasphématoire. L'*imago* latine était aussi le fantôme. Cette valeur mythique peut s'amplifier au point d'atteindre, si l'aspect de trace (ou d'indice) de l'image prédomine, une valeur d'identique.

La fonction informative (ou référentielle), souvent dominante dans l'image, peut aussi s'amplifier en une fonction *épistémique*[21], lui donnant alors la dimension d'outil de connaissance. Outil de connaissance, parce qu'elle donne bien sûr des informations sur les objets, les lieux ou les personnes, sous des formes visuelles aussi diverses que les illustrations, les photographies, les plans ou encore les panneaux.

Mais aussi, comme le souligne le théoricien de l'art Ernst Gombrich[22], l'image peut être un outil de connaissance, parce qu'elle sert à voir le monde même et à l'interpréter. Pour lui, une image (une carte de géographie comme un tableau) n'est pas une reproduction de la réalité «mais le résultat d'un long processus, au cours duquel ont été utilisées tour à tour des représentations schématiques et des corrections». Quiconque a jamais fabriqué une image sait cela, même en ce qui concerne la prise de la photo la plus ordinaire. Faire une image, c'est d'abord regarder, choisir,

---

20. C'est ce que rappelle Jacques Aumont, lorsqu'il recense les «fonctions de l'image» in *L'Image*, Nathan, 1990.

21. *Ibid.*

22. Ernst H. Gombrich, *L'Art et l'Illusion, psychologie de la représentation picturale* (trad. fr.), Gallimard, 1971.

apprendre. Il ne s'agit pas «de la reproduction d'une expérience visuelle mais de la reconstruction d'une structure modèle[23]» qui empruntera la forme de représentation la mieux adaptée aux objectifs que l'on se sera fixés (carte de géographie, diagramme ou peinture «réaliste», «impression-niste», etc.).

On voit donc que cette fonction de connaissance s'associe volontiers à la fonction *esthétique* de l'image, en «procurant à son spectateur des sensa-tions *(aisthésis)* spécifiques[24]». L'intime liaison, que nous avons signalée, entre la représentation visuelle et le domaine artistique lui donne un poids et une valeur particulière parmi les différents outils d'expression et de commu-nication. Les outils plastiques de l'image, quelle qu'elle soit, étant les outils mêmes des «arts plastiques», en font un moyen de communication qui solli-cite la jouissance esthétique et le type de réception qui s'y rattache. Ce qui veut dire que communiquer par l'image (plutôt que par le langage) va néces-sairement stimuler de la part du spectateur un type d'*attente* spécifique et différent de celui que stimule un message verbal.

2.4 Attentes et contextes

La notion d'*attente*, dans la réception d'un message, est absolument capi-tale. Et elle est bien entendu intimement liée à celle de *contexte*. Ces deux notions conditionnent l'interprétation du message et complètent celles de *consignes de lecture*.

En effet, l'analyse textuelle, c'est-à-dire l'analyse intrinsèque d'une œuvre, nous a appris, dans la mouvance du structuralisme des années 1960, à examiner les différentes unités de significations d'un message et à en faire la synthèse. Ce type d'analyse, nouveau à l'époque, a eu le mérite d'inciter le lecteur critique à s'en tenir en premier lieu à l'œuvre, ou *texte*, pour l'expliquer, cela en réaction aux critiques traditionnelles qui consis-taient à parler de tout, sauf de l'œuvre elle-même.

Quoique rigoureuse et régénératrice, l'analyse textuelle se révélait incomplète par sa radicalité même[25], et avait besoin d'être complétée. Une

---

23. *Ibid.*
24. *Cf.* Jacques Aumont, *op. cit.*
25. *Cf.* «L'analyse textuelle, un modèle controversé», in Jacques Aumont et Michel Marie, *L'Analyse des films*, Nathan, 1988.

solution a été proposée par l'analyse sémiopragmatique qui examine le contexte institutionnel de production et de réception de l'œuvre, pour y déceler les consignes de lecture qui lui sont liées [26].

La notion d'*attente* se révèle d'une grande richesse et d'une grande productivité. Elle est liée à celle d'*horizon d'attente* d'une œuvre, introduite dans les années 1970 par Hans Robert Jauss (et ce que l'on a appelé «l'école de Constance») à propos de l'étude de la réception des œuvres littéraires [27].

L'idée majeure est que non seulement l'interprétation d'un texte présuppose l'interaction de lois internes et externes au texte (comme celles de sa production et de sa réception) mais qu'elle présuppose aussi «le contexte d'expérience antérieur dans lequel s'inscrit la perception esthétique». Ce qui signifie que, même au moment où elle paraît, une œuvre ne se présente jamais comme «une nouveauté absolue surgissant dans un désert d'information ; par tout un jeu d'annonces, de signaux — manifestes ou latents —, de références implicites, de caractéristiques déjà familières, son public est prédisposé à un certain mode de réception.»

Au fil de la lecture, ces «règles du jeu» seront alors corrigées, modifiées ou, tout simplement, reproduites. C'est pourquoi il est capital de comprendre que ce qui fonde avant tout la compréhension individuelle d'un texte et l'effet qu'il produit c'est «cet horizon d'une expérience esthétique intersubjective préalable.»

On peut ainsi formuler objectivement les systèmes de références correspondant à un moment et à un domaine de l'histoire de la représentation visuelle, quel «horizon d'attente» ils évoquent pour le lecteur «résultant des conventions relatives au genre, à la forme ou au style, pour rompre ensuite progressivement avec cette attente» par une création nouvelle, la critique, la parodie, etc. Ainsi l'horizon d'attente de la «réclame visuelle» des années 1950 est bien différent de celui de nos publicités contemporaines, elliptiques ou parodiques, et nous paraît exagérément didactique et naïf, alors qu'il correspondait à l'attente du spectateur de l'époque. La

26. *Cf.* Roger Odin, «Pour une sémio-pragmatique du cinéma», IRIS, 1983, et Martine Joly, «Consignes de lecture internes et institutionnelles d'un film (*Mourir à Madrid*, de Frédéric Rossif)», in *Bulletin du CERTEIC*, n°9, Communiquer par l'audiovisuel, Université de Lille 3, 1988 ; et «Raymond Depardon ou la cohérence par l'absence» in *La Licorne*, n°17, Université de Poitiers, 1990.
27. Hans Robert Jauss, *Pour une esthétique de la réception* (trad. fr.), Gallimard, 1978.

rupture avec l'attente est un procédé recherché en publicité, et un de ses moteurs principaux, puisqu'il lui faut surprendre, mais c'est aussi celui des mouvements artistiques qui innovent et qui sont par là même plus ou moins bien acceptés par le public.

On voit donc que cette notion d'attente est liée à celle de *contexte* qui s'étend quant à elle aux différents moments de la vie de l'œuvre : celui de sa production, celui qui l'a précédée et celui de sa réception. Tous relatifs, ils demandent d'être pris en compte au moment de l'interprétation analytique.

Le jeu avec le contexte peut être une manière de tromper l'attente du spectateur en le surprenant, en le choquant, ou en l'amusant. Mettre une roue de vélo dans un musée et l'ériger ainsi au rang «d'œuvre d'art[28]», promouvoir l'«image» d'un homme politique avec les mêmes outils que ceux du lancement d'une nouvelle lessive, mettre des personnages «nobles» dans des situations «bourgeoises»[29], autant de procédés de *décontextualisation* qui nous sont familiers, et qui déplacent du sens, d'un domaine à l'autre, en jouant sur notre savoir et sur nos attentes. Certains glissements peuvent être plus pernicieux, à nous de les décrypter au coup par coup.

2.5 Analyse des éléments d'un tableau

L'analyse de quelques éléments constitutifs d'un tableau nous permettra d'observer d'une part comment la permutation rend possible la distinction des différents éléments, et d'autre part la valeur épistémique de ce jeu sur les éléments et leur attente.

Pour exemple, nous avons choisi un tableau de Picasso, peint en 1909, intitulé *Usine à Horta de Ebro*. Nous avons choisi ce tableau parce qu'il est représentatif de la période cubiste du début du siècle, période particulièrement riche en ce qui concerne la réflexion sur la représentation visuelle. Période transitoire entre la conception classique de l'autonomie de l'œuvre d'art et l'aspect conceptuel de la création, entre le fauvisme et le surréalisme, entre la peinture figurative et l'art abstrait. Cette période charnière

---

28. Marcel Duchamp.
29. Principe du «burlesque» classique.

va bousculer les attentes du public, comme celles d'autres artistes contemporains, en radicalisant une approche nouvelle de la représentation picturale déjà amorcée à la fin du XIXe siècle avec les néo-impressionnistes et des artistes comme les Nabis (Vuillard, Vallotton).

Elle va en effet contourner les leçons de l'impressionnisme et du post-impressionnisme, rejeter les lois de la représentation en perspective et du regard unique, héritées de la Renaissance, rejeter la soumission de la représentation visuelle à la représentation de l'espace et à l'instantanéité, revendiquer la liberté de manipuler les outils de telle manière qu'ils se donnent à voir. Le figuratif, encore présent, se recompose, la richesse perceptive du monde s'épure dans une simplification qui à son tour donne à voir et à apprendre. On pourrait comparer cette démarche à celle du musicien qui abandonne un moment les ressources et la richesse sonore de l'orchestre pour se concentrer sur celle d'un quatuor ou d'un instrument seul. La spécificité, la densité de ce type d'écoute et d'exploitation sonores rejaillissent ensuite sur l'écoute des grands ensembles, voire des sons du monde.

De la même manière, ce tableau de Picasso, par un travail de permutation, d'élimination, de choix, désigne les éléments plastiques de l'œuvre, les offre à notre attention et à notre émotion. Modifiant ainsi notre regard, il sert d'intercession entre nous et l'art bien sûr, mais aussi, et par là même, entre nous et le monde.

Les quatre éléments ici désignés, et que nous appellerons plus volontiers des *axes* plastiques, sont les *formes* bien sûr, les *couleurs*, la *composition* (ou la «formation», comme disait Klee) et la *texture*.

Interpréter les formes de la nature par des formes géométriques fondamentales (sphères, cylindres, cônes, cubes, parallélépipèdes) ne correspond pas uniquement à un projet de simplification des formes complexes de la nature, mais aussi à une confiance dans la force expressive de la forme.

Dans ce tableau, les **formes** retenues sont les cubes et les parallélépipèdes d'une part, les cylindres de l'autre. Les premiers, les plus nombreux, accumulent leurs volumes clos, aux arêtes aiguës, sur les deux tiers de la toile, provoquant une impression d'enfermement et d'étouffement. Les seconds aux formes plus douces paraissent lointains et espacés, comme hors d'atteinte.

La **composition**, élément dynamique de l'œuvre, est faite de l'entassement serré de ces formes qui remplissent tout le cadre dans une élaboration générale pyramidale à la base puissante, sans échappée visuelle, comme sans air. Une impression de mise en perspective émane cependant de l'œuvre mais très vite on s'aperçoit que l'on a affaire à une *fausse perspective*, qui nous propose une vision gauchie et plurielle à la fois. Les lignes semblent en effet converger vers un point de fuite, rectangle noir, mais il est en réalité très légèrement décentré, comme à côté de l'endroit où la vision traditionnelle des tableaux en perspective nous le laisserait attendre. Le regard enfin bute contre ce qui fait fonction de fond et qui, loin de se creuser, se dresse en un rideau obstruant toute profondeur. Certaines formes qui devraient, toujours selon notre attente, diminuer de taille, s'élargissent. Le jeu entre les parties sombres et plus claires est contradictoire et confère au tableau un rythme brisé, éclaté.

Les **couleurs** en à-plat déclinent une variation de tons chauds : ocres, rouille, bruns, vert-de-gris, qui donnent une valeur de contagion fiévreuse au tableau.

Enfin la **texture**, la matière en à-plat, laisse apparaître la rugosité de la toile, son relief, troisième dimension, et sollicite le toucher, en plus de la vue.

Si nous avons jusqu'à présent volontairement évacué l'observation des signes iconiques, c'est-à-dire des motifs figuratifs, nous l'avons fait pour deux raisons. La première était de montrer que le choix opéré parmi les grands axes plastiques les désigne en tant que tels, en tant qu'éléments distincts, concourant à la composition globale de l'œuvre. La deuxième est que la simple considération de ces éléments plastiques, en référence avec nos habitudes et nos attentes, permet de dégager une série de significations qui, conjuguées avec les éléments iconiques et linguistiques de l'œuvre, vont certainement s'intensifier, mais qui sont déjà là en elles-mêmes : chaleur, étouffement, entassement, oppression, manque d'air, manque de perspective.

Lorsqu'on prend conscience que ces formes, ces couleurs, cette composition, cette texture sont traitées de manière telle que l'on y reconnaisse encore des objets du monde — démarche qu'abandonnera la peinture abstraite —, on perçoit mieux comment se joue la circularité entre le plastique et l'iconique. On comprend mieux que ce que l'on appelle la «ressemblance» correspond à l'observation de règles de transformation culturellement codées des données du réel, plus qu'à une «copie» de ce même réel.

Ce que nous «reconnaissons» donc dans ce tableau, ce sont des bâtiments, une haute cheminée, des palmiers, une terre nue, un ciel lourd. L'impression d'étouffement et d'oppression va alors s'intensifier car la reconnaissance de bâtiments entassés fait immédiatement remarquer l'absence d'ouvertures et l'absence de personnages. Autrement dit, la reconnaissance provoque de nouvelles attentes qui sont ici frustrées, et c'est cette frustration même qui va intensifier l'impression première. De même, c'est la distinction, due à la reconnaissance, entre terre, ciel et bâtiments qui permet de remarquer la contagion des couleurs, et donc de la chaleur, entre les différents éléments. Dans cet univers «sans perspective», que l'on comprend désormais comme «sans avenir» (horizon bouché, sombre, orageux, tourmenté), l'alternance entre les plages sombres et les plages lumineuses est maintenant interprétée comme un éclairage particulier. Un éclairage contradictoire : il semble qu'il y ait plusieurs sources lumineuses à l'intérieur du tableau. Comment l'interpréter ? Cette rupture avec la représentation traditionnelle «réaliste» permet aux artistes de l'époque d'échapper à la tyrannie de la représentation visuelle en perspective et à ses conséquences sur la représentation temporelle. En effet, dès que l'on privilégie la représentation en perspective en imitant la vision «naturelle», celle-ci est prioritairement soumise à la représentation d'une instantanéité. Il s'agit de la vision immobile et supposée d'un lieu x à un instant y. Il est dès lors très difficile d'introduire une temporalité dans ce type de représentation. C'est-à-dire de suggérer une succession temporelle (un avant, un pendant et un après) : on est nécessairement dans le ici et maintenant. Ce qui n'exclut pas la représentation éventuelle d'une durée, qui n'est pas la même chose : on peut avoir le sentiment de rapidité ou au contraire de lenteur dans ce type de représentation, mais pas de succession temporelle. Ainsi le fait de donner l'impression qu'il y a plusieurs sources lumineuses dans le tableau, plusieurs soleils : ombres portées à gauche et à droite, surfaces éclairées à droite et aussi à gauche, peut donner l'impression que l'on assiste au déroulement de toute une journée, avec le soleil qui tourne et les ombres qui bougent. On sait que ce type de préoccupation intéressait Picasso : présenter plusieurs angles et plusieurs moments de vision dans le même plan de façon à suggérer la construction mentale et globale que nous nous faisons du monde, plutôt que d'en «copier» une vision momentanée et figée. Cependant la reconnaissance de ces sources lumineuses multiples peut ne pas être interprétée comme une succession temporelle mais toujours, conformément aux attentes plus traditionnelles, à une simultanéité. Alors ce type d'interprétation colorera le tableau soit d'une note onirique et imaginaire, soit d'une note apocalyptique d'autant plus possible que le ciel d'orage seul visible rend la présence des soleils encore plus improbable.

Ainsi les *signes iconiques* du tableau, la reconnaissance qu'ils permettent, accentuent l'impression d'oppression et de déshumanisation de ce lieu où nul n'est visible, enfermées peut-être que sont les personnes dans des bâtiments clos, faits de la terre même sur laquelle ils s'élèvent. Enfin le *message linguistique*, produit par le titre de l'œuvre, achève le pessimisme de la représentation : *Usine à Horta de Ebro*. Pessimisme teinté de révolte qui dénonce l'enfermement inutile et sans avenir d'un univers de production étouffant, aliénant et inhumain.

Conclusion

Ce deuxième chapitre se sera donc employé d'abord à montrer ce qu'implique l'analyse de l'image en tant que démarche. Exigeant «un certain désir de ne pas s'en laisser conter», la démarche analytique «n'est pas chose naturelle» et doit se comprendre «comme un mouvement à contre-courant, orienté vers cet "amont" du message où se trafiquent les effets de sens[30]».

Ce que nous avons voulu montrer, quant à nous, c'est que cet «amont du message» comprend aussi l'amont de l'analyse, c'est-à-dire la prise en compte de son refus ou de sa nécessité, celle de ses objectifs et de sa fonction, qui détermineront ses outils.

Considérant l'image comme un message visuel compris entre expression et communication, la démarche analytique se doit en effet de prendre en compte la fonction de ce message, son horizon d'attente, et ses différents types de contextes. Elle aura ainsi posé le cadre avec lequel relativiser ses outils intrinsèques et s'attachera à les distinguer les uns des autres. Comme l'image, l'analyse prendra alors sa place entre expression et communication.

---

30. Pierre Fresnault-Deruelle, *L'Éloquence des images*, PUF, 1993.

IMAGE PROTOTYPE

1. IMAGES DE PUB

Parmi les images les plus propices à l'analyse, il y a les images de publicité. Souvent synonymes du terme même d'«image», elles constituent une sorte de prototype de l'image médiatique, quand ce n'est pas de l'image tout court. L'emploi quelque peu iconoclaste[1] du terme veut insister sur l'amnésie apparente de notre époque, comme sur la fonction magique et exemplaire attribuée à l'image publicitaire. Elle a été l'un des premiers objets d'observation pour la sémiologie de l'image débutante des années 1960, qui, à son tour, a apporté à la publicité un corpus théorique nouveau.

La publicité, en effet, est une grande consommatrice de théorie, ou tout au moins «d'outils théoriques lui permettant d'analyser, de comprendre l'individu dans ses rapports avec ses propres désirs et motivations, dans ses interactions avec les autres individus de la société, dans sa perception des médias et de leurs modes de représentation[2]». C'est ainsi que la publicité a eu, dès le début, recours aux recherches en sciences sociales, à la psychologie appliquée, ou encore aux méthodes d'enquête sociologique et d'analyse statistique. Les premières recherches comportementales, inspirées du behaviorisme[3], n'ont pas trouvé de réponse globale dans le schéma stimulus/réponse et ont dû, «pour sortir de cette première vision mécaniste,

---

1. Du grec *protos* : premier et *typos* : empreinte, marque, l'image prototype désigne traditionnellement l'empreinte du visage du Christ sur le voile de Véronique. Cette image prototype-là reste le modèle de l'image-trace, non faite de la main de l'homme (achéropoïète).
2. Jacques Guyot, in *L'Écran publicitaire*, L'Harmattan, 1992, propose un historique utile des recherches en publicité au chap. 6 : «La recherche publicitaire».
3. Étude «scientifique et expérimentale des comportements (en angl. : *behaviour*) sans recours à l'introspection».

déboucher sur les modèles de hiérarchie de l'apprentissage basée sur les trois étapes suivantes : cognitive, affective et comportementale[4]» ; puis ce fut la recherche des motivations qui se fixa pour objectif d'analyser les besoins préconscients et inconscients que l'achat satisfait plus ou moins chez le consommateur (sécurité, narcissisme, identification à une classe sociale…) en faisant appel non seulement à la psychologie, mais aussi à la psychanalyse, la sociologie, l'anthropologie. L'objectif étant de faire de la publicité un «investissement» plus «qu'un jeu de hasard». Enfin sociologie et statistiques sont chargées de mesurer, grâce à des approches socio-culturelles, l'efficacité de la publicité[5]. Cependant, malgré cette batterie de moyens techniques et théoriques, pas de recette miracle pour enrégimenter le consommateur dont les comportements relèvent encore des aléas de l'empirisme. Sans doute, comme l'ont pensé certains chercheurs en réexaminant les différents schémas de la communication proposés par la théorie, la «coerséduction[6]» dénoncée dans la publicité[7] et qui fait du «récepteur» une victime est-elle remise en cause régulièrement par des effets de réaction, d'action et d'autonomie du récepteur même.

Dans ce panorama, l'étude théorique de la communication par l'image a été essentiellement le domaine de la sémiologie de l'image et du film. En ce qui concerne l'image fixe, les premiers jalons, jetés dès les années 1970, servent toujours de fondement pour l'élaboration de grilles d'analyse, même si celles-ci demandent à être modulées en fonction des objectifs de l'analyse, comme nous l'avons rappelé plus haut. Ces travaux ont eu une influence considérable non seulement sur les processus de fabrication des annonces publicitaires, mais aussi pour tester le degré de compréhension des messages et la manière dont ils sont interprétés.

Rappelons et observons l'apport de quelques-uns de ces travaux inauguraux tels que ceux de Barthes, de Georges Péninou ou de Jacques Durand.

---

4. Le fameux «Learn, Like and Do» en anglais.
5. De grands organismes comme la Compagnie française d'études de marchés et de conjonctures appliquées (COFREMCA), le Centre de communication avancée (CCA) ou encore l'Institut de recherches et d'études publicitaires (IREP) se chargent de ce genre d'études.
6. Mot-valise (coercition/séduction) proposé par le chercheur en communication René-Jean Ravault.
7. Par des chercheurs comme Vance Packard in *La Persuasion clandestine* (trad. fr.).

1.1 La publicité comme terrain théorique

C'est Roland Barthes qui, l'un des premiers, a choisi d'utiliser l'image publicitaire comme terrain d'étude pour la sémiologie de l'image, alors naissante. Les raisons qu'il donne de ce choix sont opérationnelles : «Si l'image contient des signes, on est certain qu'en publicité ces signes sont pleins, formés en vue de la meilleure lecture : l'image publicitaire est *franche* ou du moins emphatique[8]». L'image publicitaire, «assurément intentionnelle», donc essentiellement communicative et destinée à une lecture publique, s'offre alors comme le terrain privilégié d'observation des mécanismes de production de sens par l'image. «Comment le sens vient-il aux images ?» : la fonction même du message publicitaire — être compris rapidement par le plus grand nombre — doit exhiber d'une façon particulièrement claire ses composantes, leur mode de fonctionnement, et permettre de commencer à répondre à la question.

Nous avons évoqué plus haut un aspect de la méthodologie employée par Barthes dans cette analyse. La méthodologie globale est en réalité beaucoup plus complexe et nous en retiendrons les conclusions les plus durables.

1.2 La description

«Voici une publicité Panzani : des paquets de pâtes, une boîte, un sachet, des tomates, des oignons, des poivrons, un champignon, le tout sortant d'un filet à demi ouvert, dans des teintes jaunes et vertes sur fond rouge.»

Après avoir fait cette *description* déclarée «prudente» de l'annonce (les désormais fameuses pâtes Panzani), Barthes s'attache à distinguer les différents types de messages qui la composent. Ici : «message linguistique, message iconique codé et message iconique non codé». Nous reviendrons sur cette terminologie que les recherches ultérieures permettent de réajuster. Ce que nous retenons pour le moment, c'est la démarche «description, distinction des différents types de messages». Elle est intéressante à divers titres :

---

8. Roland Barthes, «Rhétorique de l'image», *art. cit.*

Étape en apparence simple et évidente, la description est capitale car elle constitue le transcodage des perceptions visuelles en langage verbal. Elle est donc nécessairement partielle et partiale. Pour plus de justesse, elle peut se faire en groupe. C'est un exercice souvent assez surprenant par la diversité des formulations auquel il aboutit. Ce point est déjà très important car il indique à quel point la vision de chacun est à la fois collective et personnelle.

La verbalisation du message visuel manifeste des processus de choix perceptifs et de reconnaissance qui président à son interprétation. Ce passage du «perçu» au «nommé», ce franchissement de la frontière qui sépare le visuel du verbal, est déterminant dans les deux sens.

Dans un sens (perçu/nommé), il indique à quel point la perception même des formes et des objets est culturelle et comme ce que l'on appelle la «ressemblance» ou l'«analogie» correspondent à une analogie perceptive et non pas à une ressemblance entre la représentation et l'objet : quand une image nous semble «ressemblante», c'est qu'elle est construite de manière telle qu'elle nous pousse à la décrypter *comme* nous décryptons le monde même. Les unités que nous y repérons sont des «unités culturelles», déterminées par l'habitude que nous avons de les repérer dans le monde même. Car, en réalité, une image, comme le monde, est indéfiniment descriptible : des formes aux couleurs, en passant par la texture, le trait, les gradations, la matière picturale ou photographique, jusqu'aux molécules ou aux atomes. Le simple fait de désigner des unités, de découper le message en unités nommables, renvoie à notre mode de perception et de «découpage» du réel en unités culturelles.

Une bonne façon de le comprendre est de faire le chemin inverse : passer du verbal au visuel (nommé/perçu). Un projet d'image est d'abord verbalisé, avant d'être visuellement réalisé. La publicité est un bon exemple de cette démarche. On veut montrer telle personne, tel vêtement, tel lieu particuliers, ou encore évoquer tel concept (la liberté, la féminité). Trouver l'équivalent visuel d'un projet verbal n'est pas simple et réclame des choix de tous ordres. Un même scénario (verbal) peut donner lieu à toutes sortes de représentations visuelles, liées à la richesse infinie de l'expérience de chacun.

Observons de plus près la description de Barthes, plutôt ignorée dans les exégèses auxquelles ce fameux article a pourtant donné lieu. On s'aperçoit qu'elle contient en germe tous les développements théoriques qui vont suivre dans l'article, plus d'autres, que Barthes lui-même ou d'autres théoriciens creuseront plus tard. Quelqu'un d'autre, un non-théoricien, par exemple, aurait sans doute décrit cette annonce de façon différente, plus significative de sa propre vision du monde, ou de ses intérêts du moment.

Dans cet exemple précis, la description verbale en tant que telle, introduit :
– le concept de dénotation et de son corollaire, la connotation ;
– la distinction du message linguistique comme composante de l'image, par l'évocation du nom propre ;
– la désignation des objets qui permettra l'élaboration de la notion de signe iconique ;
– l'observation de la composition visuelle, comme celle des couleurs, qui marque le pressentiment de l'existence de signes plastiques et de leur interprétation socioculturellement codée.

1.3 Les différents types de messages

Du point de vue méthodologique, la démarche est intéressante et reproductible. Elle a le mérite, en portant l'attention sur les différentes composantes de l'image, de mettre en évidence l'hétérogénéité de l'image. Ses matériaux sont multiples et articulent leurs significations spécifiques les unes avec les autres pour produire le message global.

D'ores et déjà, il apparaît donc que l'image ne se confond pas avec l'analogie, qu'elle n'est pas constituée par le seul signe iconique ou figuratif, mais tresse différents matériaux entre eux pour constituer un message visuel. Pour Barthes les différents matériaux sont d'abord le linguistique, puis l'iconique codé, puis l'iconique non codé.

En ce qui concerne le message linguistique, Barthes en distingue les différents supports (l'annonce elle-même, les supports fictifs de la représentation : les étiquettes, etc.). Il en analyse aussi la rhétorique, ici la répétition, puis son mode d'articulation avec le message visuel, sur lequel nous reviendrons au dernier chapitre.

Ce qu'il appelle ensuite le message iconique codé est pour lui constitué par différents signes. L'approche, sur certains points, est encore confuse : ainsi il réunit dans un même signifiant des éléments différents tels que les objets et les couleurs.

En fait, ce que la démonstration contient de durable, c'est que «l'image pure», c'est-à-dire tout ce qui dans l'annonce n'est pas linguistique, s'interprète au second degré et renvoie à des univers autres que lui-même, selon des lois particulières. Autrement dit, que «l'image pure» fonctionne vraiment comme signe, ou plus exactement comme *ensemble de signes*. Ainsi, les objets représentés renvoient à l'usage «faire son marché» dans un certain type de société ; les couleurs et certains légumes renvoient à l'idée plus ou moins stéréotypée d'Italie ; la composition, à la tradition picturale des «natures mortes» ; la présentation de l'annonce, sa place dans la revue, à la publicité. Autrement dit, au-delà du message littéral ou *dénoté*, mis en évidence par la description, il y a un message «symbolique» ou *connoté* lié au savoir préexistant et partagé de l'annonceur et du lecteur.

La recherche ultérieure montrera le bien-fondé de ces premières propositions et les affinera en proposant une terminologie plus adéquate et moins confuse[9]. Ainsi, au lieu de parler d'«image» de façon globale pour désigner tout à la fois l'annonce dans son ensemble et, dans le message, ce qui n'est pas linguistique, on préférera l'expression de «message visuel».

Au sein du *message visuel*, on distinguera les *signes figuratifs* ou *iconiques*, qui donnent de façon codée une impression de ressemblance avec la réalité en jouant sur l'analogie perceptive et sur les codes de représentation, hérités de la tradition représentative occidentale. Enfin on désignera sous le terme de *signes plastiques* les outils proprement plastiques de l'image tels que la couleur, les formes, la composition et la texture. Signes iconiques et signes plastiques sont alors considérés comme des *signes visuels* à la fois distincts et complémentaires.

Ce que Barthes appelle ensuite l'«iconique non codé» renvoie à la «naturalité» apparente du message, liée à l'utilisation de la photographie, par opposition à celle du dessin ou de la peinture. Nous reviendrons un peu plus loin sur la spécificité de l'image photographique et sur ses implications théoriques. La proposition, sans être absolument fausse, n'était pas encore aboutie, et Barthes achèvera sa réflexion théorique sur la photographie vingt-cinq ans plus tard[10].

---

9. *Cf.* Groupe Mu, *Traité du signe visuel, Pour une rhétorique de l'image*, Seuil, 1992.
10. *La Chambre claire*, publiée en 1980 chez Gallimard, quelques mois après sa mort.

Ce qu'il faut à ce stade en retenir, c'est qu'une part de la signification globale du message est liée à la nature même de son support : photographie, dessin, peinture, gravure, image de synthèse, etc.

1.4 Rhétorique de l'image

Dernier point, capital à son tour, et devenu très productif, de cet article inaugural : l'étude de la «rhétorique de l'image», qui donne son titre au texte de Barthes.

Quoique indéfiniment reprise, voire galvaudée, l'expression «rhétorique de l'image» reste souvent une sorte de fourre-tout mal compris, lorsqu'elle ne sert pas tout simplement de poudre aux yeux. Il nous faut donc faire quelques rappels et mettre en place quelques préalables pour comprendre ce que Barthes, puis ses successeurs, entendent par le terme même de «rhétorique», puis par l'expression «rhétorique de l'image».

1.5 La rhétorique classique

Discipline très ancienne, instaurée dès la Grèce antique, la rhétorique classique a marqué et imprégné toute notre culture occidentale, au point que chacun d'entre nous, dans ses études, dans son travail ou dans la vie courante, est un Monsieur Jourdain qui «fait de la rhétorique» sans le savoir.

> Pour les Anciens, la rhétorique est l'«art» (au sens étymologique de «technique») de bien parler en public. Le rhéteur grec, c'est d'abord l'orateur, le maître d'éloquence. Bien parler et, plus tard, bien écrire, signifient que le discours a atteint son but : convaincre, persuader, son auditoire. Le «bien» correspond donc à un critère d'efficacité et non pas de morale.
>
> C'est pourquoi la validité de l'argumentation, comme de la stylistique, relève plus du vraisemblable que du vrai : «Dans les tribunaux en effet, on ne s'inquiète pas le moins du monde de dire la vérité, mais de persuader, et la persuasion relève de la vraisemblance[11].»

---

11. *Cf.* Todorov, citant Platon, in «Recherches sémiologiques, Le vraisemblable», «Introduction», *Communications*, n°11, Seuil, 1968.

Le vraisemblable, que l'on considère le plus souvent comme une conformité entre un discours (ou un récit) et la réalité, correspond, en fait, à une conformité entre un discours (ou un récit) et l'attente, ou discours second et collectif, de l'opinion publique. C'est-à-dire qu'il n'est pas en relation avec le réel (comme l'est le vrai), mais avec ce que la majorité des gens croient être le réel et qui se manifeste dans le discours anonyme et non personnel de l'opinion publique. C'est ainsi que l'on peut comprendre la fameuse expression «La réalité dépasse la fiction» : la fiction propose des modèles acceptables selon un certain nombre de conventions (institutions, genres, etc.), la réalité pas toujours… Ce qui veut dire que la naissance de la conscience du langage s'accompagne de celle d'une science des lois qui gouverne ce langage, la rhétorique, et d'un concept, «le vraisemblable, qui vient combler le vide entre ces lois et ce que l'on croyait être la propriété constitutive du langage : sa référence au réel[12]».

Et quoique depuis vingt-cinq siècles on lutte pour vaincre l'idée que les mots reflètent les choses, le vraisemblable est encore confondu avec le vrai, les mots et les images avec les choses.

On comprend pourquoi la rhétorique a été tour à tour blâmée ou encensée : le point de vue dépend de la fonction qu'on donne au langage. Si c'est de conduire vers le Vrai et le Bien, la rhétorique devient alors l'«art de la parole feinte» ou l'«art de feindre» décrié par Socrate ; si sa fonction est de «plaire et de toucher», alors la rhétorique sera revendiquée comme un art utile, comme le fait Aristote dans sa *Poétique*. De l'Antiquité à nos jours, les traités de rhétorique ou de poétique se sont ainsi succédé selon la faveur dans laquelle celles-ci étaient tenues[13].

Enseignée systématiquement jusqu'au milieu du XXe siècle (l'actuel «lycée» s'appelait, jusque dans les années 1940, les «classes de rhétorique»), la rhétorique continue d'imprégner de façon plus discrète notre éducation et notre culture, tandis que les années 1960 ont vu apparaître un

---

12. Pour une étude de la notion de «vraisemblable» cf. «Le vraisemblable, recherches sémiologiques», *Communications*, n°11, Seuil, 1968.
13. *Cf.* Aristote, Cicéron, Virgile ou Quintilien ; au Moyen Âge, la poésie des Grands Rhétoriqueurs, pour qui la rhétorique est l'exploitation des ressources formelles (poétiques) de la langue ; au XVIIIe, les traités de Gibert ou de Dumarsais ; au XIXe, le traité de Pierre Fontanier, *Les Figures du discours* (Flammarion, coll. «Champs», 1977) ; enfin, le plus récent ouvrage de Morier : *Dictionnaire de Poétique et de Rhétorique*, PUF, 1981.

renouveau de la rhétorique réenvisagée, dès le début du siècle, par le formalisme et la linguistique moderne, la psychanalyse puis le structuralisme.

Avant de développer ce dernier point, rappelons d'abord, pour mieux comprendre l'évolution des choses, quels étaient les anciens champs de la rhétorique [14] :

L'*inventio*, ou «invention», consiste à chercher les sujets, les arguments, les lieux et les techniques d'amplification et de persuasion en relation avec le thème ou la cause choisie. C'est ce que nous avons connu, dans nos dissertations traditionnelles, comme «la recherche d'idées».

La *dispositio*, ou «disposition», correspond à la mise en place des grandes parties du discours (exorde, narration, discussion, péroraison…). C'est ce que nous avons connu comme recherche du «plan» le plus efficace. La hiérarchisation des parties du discours, ou des «idées», dépend en grande partie du genre. Le récit traditionnel emprunte ses règles d'organisation à la rhétorique classique[15]. La dissertation littéraire ou philosophique, qui correspondent à des débats d'idées, demandent de finir sur l'idée forte, tandis que le journalisme réclame de commencer un article par l'idée, ou l'information, fortes, pour accrocher le lecteur, et de ne les développer qu'ensuite.

L'*elocutio* ou «style» concerne le choix des mots, et celui de l'organisation interne de la phrase, c'est-à-dire l'utilisation des figures de style. Les figures sont traditionnellement classées en deux grandes catégories : les figures de phrase, portant sur le syntagme (l'organisation présente), et les figures de mots ou tropes, portant sur le paradigme (choix dans une classe donnée et rapports entre le choisi et le non-choisi)[16] .

Les figures de phrases consistent à manipuler la structure syntaxique de base de la phrase, en pratiquant par exemple l'inversion, l'ellipse, la répétition, la litote, l'antithèse, l'exclamation, la gradation, etc.

Les figures de mots portent, elles, sur le choix même du mot. Les figures les plus connues en sont la métaphore (substitution par parallélisme qualitatif) dont nous avons déjà parlé plus haut, et la métonymie (substitution par

---

14. Ces rappels doivent être compris comme une incitation à étudier la question plus en profondeur. *Cf.*, pour introduction, Roland Barthes, «L'ancienne rhétorique», in *Communications*, n°16, «Recherches rhétoriques», Seuil, 1970 ; ou encore : Olivier Reboul, *La Rhétorique*, PUF, Que sais-je ?, 1990.
15. Règles que l'on retrouve exploitées de façon efficace et systématique dans les feuilletons américains, par exemple : ouverture ou prologue ; harmatia ou rupture brutale de l'équilibre initial ; péripéties ; reconnaissance ou dénouement ; épilogue.
16. Sur les notions de syntagme et de paradigme, cf. plus haut, chap. 2.

contiguïté) qui consiste à désigner le contenu par le contenant (boire un verre), l'utilisateur par l'outil (c'est un bon fusil), la cause par la conséquence (manger une friture), etc.

L'utilisation de ces figures est elle aussi fortement déterminée par le genre littéraire (épique, lyrique, tragique, comique, bucolique, élégiaque, etc.). C'est la fonction des divers «Arts poétiques» ou «Poétiques» que d'indiquer les règles (ou les non-règles, selon les époques) stylistiques des genres.

Cette rhétorique des figures constitue le gros de la rhétorique classique encore bien vivante et parvenue jusqu'à nous, au point que les traités de rhétorique que l'on peut consulter sont en majorité des traités des figures[17]. Plus encore, dans l'esprit de bien des gens, y compris de certains chercheurs, «rhétorique» est synonyme de «figure de rhétorique», ce qui crée une confusion préjudiciable à la clarté de certains propos. En effet, il ne suffit pas de détecter un certain nombre de figures de rhétorique dans un discours pour définir «sa rhétorique» propre, c'est-à-dire son type d'argumentation. Nous reviendrons sur ce point à propos de la rhétorique de l'image, mais il nous faut d'abord finir notre tour d'horizon récapitulatif.

La rhétorique ancienne comportait en effet encore deux grands champs techniques : la *memoria* et l'*actio*.

La *memoria,* c'est «l'art de la mémoire». Cette technique qui semble tombée en désuétude, ou dont on a oublié qu'elle faisait partie de la rhétorique, concerne encore certains métiers tels que ceux de comédien ou d'avocat. Longtemps, elle fut le soutien du poète ambulant ou du conteur, comme de l'orateur, politique ou religieux.

L'*actio,* ou prononciation, concernait les techniques de diction comme de gestuelle. Cette partie de la rhétorique, assez vite abandonnée en tant que telle, reste elle aussi néanmoins vivante dans les métiers d'expression publique (théâtre, tribunaux). Elle est aussi redécouverte dans les métiers de la communication et en particulier dans la communication visuelle, comme à la télévision. C'est une des tâches du «conseiller en communication» de tel ou tel homme politique, par exemple, de lui apprendre comment parler et se tenir devant une caméra, de façon à être le plus convaincant possible.

---

17. *Cf.* Pierre Fontanier, *op. cit.*, et Morier, *op. cit.* Néanmoins on ne saurait trop conseiller leur lecture, pour leur aspect instructif comme pour leur charme.

Ce rappel fait de la rhétorique classique, il nous faut expliquer le renouveau d'intérêt qu'elle a suscité, l'apparition de la «nouvelle rhétorique», et en quoi elle concerne l'image.

On constate en effet que tout cet inventaire renvoie exclusivement la rhétorique à l'expression et à la communication verbales, au langage parlé ou écrit, et qu'on a eu progressivement tendance à la mal juger, soit qu'on la considère comme un art de la tromperie (Bossuet parlait des «fausses couleurs de la rhétorique[18]»), soit comme un assortiment de recettes ou «d'ornements» superflus, susceptibles, même, de détériorer le flux de la pensée et la sincérité de l'expression. Ainsi les romantiques méprisaient-ils la rhétorique.

1.6 La nouvelle rhétorique

Les grands mouvements de pensée du début du siècle vont entraîner une reconsidération radicale de la rhétorique.

Tout d'abord le formalisme russe et la linguistique moderne naissante. Dans les années 1910-1920, deux cénacles littéraires, celui de Moscou[19] et celui de Saint-Pétersbourg, sont à l'origine de ce que l'on a appelé le formalisme russe. Ils s'intéressent tous deux à la linguistique et à la poésie modernes, ou plus exactement à l'étude de la langue poétique. Bien que tardivement connu en France, ce mouvement est à l'origine d'un renouveau de la théorie de la littérature qui considère celle-ci non plus comme un reflet de la vie mais comme une somme de procédés : «L'œuvre d'art est une somme de procédés», déclare Chklovski, l'un des chefs de file du mouvement pour qui «la séparation entre forme et fond n'a pas de sens».

Rompant délibérément avec la tradition du *divino artista* et de la création «inconsciente», Jakobson reprendra cette idée en déclarant : «Le procédé, voilà le véritable héros de la littérature.» Les conséquences de ce

---

18. Ce qui n'est pas peu contradictoire : Bossuet, un des plus grands prédicateurs du XVIIᵉ, dont les périodes inspirées et tonnantes figurent parmi les plus belles pages de la littérature classique française, condamnait la rhétorique ! En réalité, il la condamnait si elle ne servait pas, comme dans ses sermons les plus célèbres, à conduire vers Dieu. On retrouve, dans cette indignation exclusive, l'idéologie de l'esthétique baroque de la Contre-Réforme.

19. Créé en 1915 par le linguiste Roman Jakobson.

mouvement de pensée ont été considérables tant du point de vue de la critique et de la théorie littéraires que de la création artistique[20]. En effet de nombreux créateurs, tels que le poète Maïakovski ou le réalisateur Eisenstein, faisaient partie du mouvement cherchant à démontrer, par leur réflexion et leur pratique, que, selon la formule de Robert Musil : «Un art n'est jamais devenu un grand art sans théorie[21].»

Ce que nous en retenons, quant à nous, c'est que cette optique nouvelle marque l'amorce d'une reconsidération de la rhétorique, non plus comme un réservoir de recettes, mais comme le fondement même de la littérature d'abord, puis, d'une façon plus générale, de l'art.

Parallèlement à cette réflexion théorique sur l'art, le linguiste Jakobson[22] va montrer que le langage est rhétorique en étudiant des phénomènes d'aphasie.

> Roman Jakobson montrera que les troubles du langage, dont les variétés sont nombreuses et diverses, affectent soit l'axe syntagmatique, soit l'axe paradigmatique du langage. C'est-à-dire qu'il y a toujours «altération, plus ou moins grave, soit de la faculté de sélection et de substitution (axe paradigmatique), soit de combinaison et de contexture (axe syntagmatique)». Ce faisant, Jakobson a démontré que «la métaphore devient impossible dans les troubles de similarité et la métonymie dans les troubles de la contiguïté». Autrement dit, que certaines zones du cerveau permettent d'effectuer certaines opérations rhétoriques et d'autres pas.
>
> Enfin un ultime pas qui a entraîné la reconsidération de la rhétorique fut pour Jakobson de constater que l'inconscient lui-même fonctionnait en respectant certaines lois de la rhétorique. Reprenant les travaux de Freud sur les mécanismes du rêve, il s'est rappelé que celui-ci avait étudié le «travail du rêve», c'est-à-dire la façon dont l'inconscient s'efforçait de masquer le contenu latent de celui-ci derrière un contenu manifeste, le souvenir du

20. *Cf. Théorie de la littérature*, textes de formalistes russes, choisis, présentés et traduits par T. Todorov, Seuil, 1965.
21. À propos du travail de Béla Balàzs, cinéaste hongrois et théoricien du cinéma, dans les années 1930, in «Observations sur une nouvelle dramaturgie du film», *Der neue Merkur*, 8 mars 1925.
22. Pour les développements qui suivent, *cf.* Roman Jakobson, «Problèmes généraux» in *Essais de linguistique générale, op. cit.*

rêve[23]. Il s'est efforcé alors de montrer, et d'autres à la même époque[24], que les principaux procédés décrits par Freud (condensation et déplacement) étaient fondés sur le principe de similarité (comme la métaphore) ou de contiguïté (comme la métonymie).

1.7 Rhétorique et connotation

Dans les années 1960 donc, le renouveau de la théorie littéraire, la découverte en France du formalisme russe puis du structuralisme, les emprunts faits par différentes sciences humaines (comme l'ethnologie ou la psychanalyse) à la linguistique, tout ce bouillonnement intellectuel permet à Barthes de penser le mécanisme du fonctionnement de l'image en termes de rhétorique.

La proposition est encore timide, mais Barthes entend cependant le terme de rhétorique sous deux acceptions : d'une part comme mode de persuasion et d'argumentation (comme *inventio*), et d'autre part en termes de figures (style ou *elocutio*), et cela à propos de l'image.

En ce qui concerne la rhétorique comme *inventio*, comme mode de persuasion, Barthes reconnaît à l'image la spécificité de la connotation : une rhétorique de la connotation, c'est-à-dire la faculté de provoquer une signification seconde à partir d'une signification première, d'un signe plein.

La photographie (signifiant) qui me permet de reconnaître des tomates, des poivrons ou des oignons (signifiés) constitue un signe plein (un signifiant relié à un signifié). Néanmoins, ce signe plein poursuit sa dynamique significative en devenant le signifiant d'un signifié second, «fruits et légumes méditerranéens, Italie», etc. Ce processus de signification a été rendu célèbre par le fameux diagramme :

	Signifiant	Signifié
Signifiant	Signifié	

23. Sigmund Freud, *L'Interprétation des rêves* (trad. fr.), PUF, 1971.
24. *Cf.* Jacques Lacan, «L'instance de la lettre dans l'Inconscient», in *La Psychanalyse*, III, 1957.

C'est ainsi que Barthes a conceptualisé et formalisé la lecture «symbolique» de l'image, et plus particulièrement de l'image publicitaire. Pour lui, ce processus de connotation est constitutif de toute image, même les plus «naturalisantes», comme la photographie par exemple, car il n'existe pas d'image «adamique». Que le moteur de cette lecture seconde, ou interprétation, soit l'idéologie, pour une société donnée et une histoire donnée, n'enlève rien au fait que, pour Barthes, une image veut toujours dire autre chose que ce qu'elle représente au premier degré, c'est-à-dire au niveau de la dénotation.

Cette proposition, que les travaux ultérieurs vérifieront largement, laisse cependant une question en suspens. Cette rhétorique de la connotation, si perceptible dans la lecture de l'image, n'est-elle pas propre à tout langage, y compris le langage verbal ? Certains linguistes[25] ont montré que, pas plus que d'image, il n'y avait de langage «adamique», et qu'une foule de connotations diverses «s'agglutinaient» autour des formulations verbales, même les plus strictes, ne serait-ce que parce que leur rigueur même «connote» la «scientificité» ou le désir d'information «brute».

On peut donc dire, selon nous, que toute forme d'expression et de communication est connotative, et que toute la dynamique du signe dont nous avons parlé au début de cet ouvrage repose précisément sur ces glissements perpétuels de sens. En fait, ce que cette rhétorique de la connotation révèle, ce n'est pas tant la qualité d'*image* du message visuel que sa qualité de *signe*. Elle nous dit que l'image, même si elle constitue un objet en soi, participe bien d'un langage différent des choses mêmes.

Ainsi, la connotation n'est pas propre à l'image, mais il était nécessaire de la relever comme constitutive de la signification par l'image, à l'aube d'une théorisation de son mode de fonctionnement. C'était particulièrement nécessaire pour dénoncer l'aveuglement de l'analogie et constituer l'image en signe, ou plus exactement en *système de signes*.

En effet, il n'est toujours pas inutile de rappeler, en insistant, que les images ne sont pas les choses qu'elles représentent, mais qu'elles s'en servent pour parler d'autre chose.

---

25. *Cf.* Catherine Kerbrat-Orecchioni, *La Connotation*, Lyon, PUL, 1984.

1.8 « Rhétorique et publicité »

C'est le titre de l'étude de Jacques Durand qui sert toujours de référence à l'étude des relations entre rhétorique et publicité[26]. L'aspect le plus fameux de ce travail est précisément d'avoir montré, à travers l'étude de plus de mille annonces, que la publicité utilisait toute la panoplie des figures de rhétorique que l'on pensait auparavant réservées au langage parlé : figures du syntagme (sinon figures de phrases) et figures du paradigme (sinon de mots). Durand propose un tableau de classement de ces figures selon chacun des axes du langage et selon les types d'opérations effectuées (adjonction, suppression, substitution, échange) ou de relation posée entre les variants (identité, similitude, différence, opposition, fausse homologie, double sens, paradoxe).

On trouve ainsi facilement en publicité des métaphores visuelles, comme la publicité Marlboro, substituant un paquet de cigarettes à une boîte de Coca, ou à la batterie d'un moteur, ou à la radio d'une automobile, pour attribuer aux cigarettes, par comparaison implicite, les qualités des objets absents (fraîcheur, énergie, divertissement, etc.) ; l'hyperbole visuelle aussi est fréquente avec des grossissements auxquels peuvent correspondre des litotes ; les ellipses du support, voire du produit, sont fréquentes ainsi que les comparaisons visuelles.

D'autres figures relèvent plutôt de la construction de l'ensemble de l'annonce par l'organisation et la combinaison des éléments coprésents (du syntagme) tels que la répétition, l'inversion, la gradation, l'accumulation, etc. L'observation un peu attentive de l'image publicitaire peut être très riche de ce point de vue et permettre de repérer de véritables trouvailles rhétoriques.

Toutefois, cette pêche à la figure de rhétorique n'est guère intéressante si on la fait seulement pour elle-même et sans la repenser dans sa fonction de signification. Elle ne reste alors qu'un inventaire qui se referme sur lui-même. En revanche, faire cette recherche en essayant de comprendre

---

26. Jacques Durand, « Rhétorique et publicité », in *Communications*, n°15, « L'analyse des images », Seuil, 1970.

quelles sont les significations induites par ce genre de procédés est beaucoup plus productif et indispensable pour comprendre les mécanismes
d'interprétation mis en place.

C'est ce qu'a fait Jacques Durand lui-même en ouverture de cette
recherche formelle restée injustement plus célèbre que le cadre interprétatif
lui-même, plus important selon nous.

Partant du constat que, traditionnellement, la rhétorique met en relation
deux niveaux de langage : «le langage propre» et «le langage figuré», et
que la figure est «l'opération qui fait passer d'un niveau à l'autre», l'auteur
pose la question suivante : «si on veut faire entendre une chose, pourquoi
en dit-on une autre ?» Abordant par là la vaste question du style considéré
comme écart par rapport à une «norme» langagière, ici visuelle, Jacques
Durand propose, pour la publicité, une réponse qui fait intervenir les
concepts de désir et de censure empruntés à Freud[27].

Il part de l'exemple de la métaphore qui, dans sa littéralité, est toujours
inacceptable — un mensonge[28] — et force donc le lecteur ou le spectateur à
l'interpréter au second degré. Pour reprendre les exemples cités plus haut,
on ne boit pas dans un paquet de cigarettes, pas plus qu'on ne s'en sert pour
recharger sa voiture. On ne vit pas avec un lion, même lorsque l'homme
qu'on aime est «superbe et généreux». L'idée de Jacques Durand est que
les propositions dites ou montrées par la métaphore sont non seulement des
mensonges mais encore et surtout des transgressions d'un certain nombre de
lois sociales, physiques, langagières, etc.

On trouve ainsi dans la publicité toutes sortes d'exemples de libertés
prises avec quantité de normes : l'orthographe et le langage (Axion pour
Action, «Omo rikiki maousse costo»), la pesanteur (les cigarettes *light*
représentées en suspension), la sexualité (l'érotisme du corps féminin
accompagnant toutes sortes de produits), le fantastique (l'irruption
d'éléments irréels dans le réel comme l'autonomie ou la disproportion des
objets, un réfrigérateur s'ouvrant sur un palais indien, une barre de choco-

---

27. Dans *Le Mot d'esprit et ses rapports avec l'inconscient*, trad. fr., éd. Gallimard
coll. «idées», 1970.
28. C'est ainsi que la définit Umberto Eco dans *Sémiotique et philosophie du langage*
(trad. fr.), PUF, 1988, par opposition au symbole qui, lui, peut ne pas être interprété : la
colombe pour la paix, les arbres en fleur pour la fraîcheur gardent un sens littéral
acceptable, auquel on peut s'arrêter. Impossible pour la métaphore.

lat croquée provoquant l'écroulement du décor), et ainsi de suite. Toutes ces transgressions diverses sont soutenues par des figures de rhétorique : métaphores mais aussi litotes, hyperboles, ellipses, accumulations, anacoluthes, etc.

Le deuxième point de la démonstration est que ces transgressions sont feintes et que tout le monde le sait. Ainsi le désir de transgression est satisfait sans toutefois provoquer de réelle censure, car, étant feint, il demeure impuni : «Même feinte la transgression apporte une satisfaction à un désir impuni, et, parce que feinte, elle apporte une satisfaction impunie.» Toute figure de rhétorique pourra donc s'analyser comme la transgression d'une «norme».

Ainsi, pour Durand, la fonction des figures de rhétorique dans l'image publicitaire est de provoquer le plaisir du spectateur : d'une part en lui épargnant, le temps d'un regard, l'effort psychique nécessité «par l'inhibition ou par la répression» et, d'autre part, en lui permettant de rêver à un monde où tout est possible. «Dans l'image, les normes en cause sont surtout celles de la réalité physique … L'image rhétorisée, dans sa lecture immédiate, s'apparente au fantastique, au rêve, aux hallucinations : la métaphore devient métamorphose, la répétition, dédoublement, l'hyperbole gigantisme, l'ellipse lévitation, etc.»

Ce travail reste ainsi une référence précieuse pour l'analyse, car il nous rappelle qu'inventaire et classification ne doivent être que des auxiliaires au service d'un projet analytique, sans quoi ils perdent tout intérêt. Durand a démontré non seulement que les mécanismes des figures de rhétorique n'étaient pas réservés au langage verbal mais aussi que le terrain de la publicité était un terrain particulièrement riche d'observations.

Au-delà de cette démonstration convaincante, dont les résultats ne concernent évidemment pas la seule image publicitaire, il a cherché la fonction de l'usage de ses figures. Celle qu'il retient est une fonction de plaisir, par le truchement de la transgression feinte et non punie. Il propose donc de considérer la rhétorique de l'image publicitaire comme une rhétorique de recherche du plaisir. Pour reformuler cette proposition, disons que l'image publicitaire puise abondamment dans la panoplie des figures de rhétorique pour servir une *rhétorique hédoniste*.

On voit donc que, là encore, on distingue «figures de rhétorique» et «rhétorique», les unes étant au service de l'autre : l'*elocutio* au service de l'*inventio*, ou le style au service d'une argumentation spécifique.

1.9 Vers une rhétorique générale

Ce tour d'horizon permet donc de resituer et de comprendre les propositions de Barthes dans «Rhétorique de l'image». Elles s'inscrivent dans l'évolution de la conception de l'élargissement de la rhétorique du langage verbal vers une rhétorique générale, applicable à toutes les sortes de langages : «La rhétorique classique devra être repensée en termes structuraux et [qu'] il sera peut-être alors possible d'établir une rhétorique générale… valable pour le son articulé, l'image, le geste, etc.»

Jakobson avait déjà lui aussi considéré que les deux procédés de la métaphore et de la métonymie n'étaient en aucune façon l'apanage de la littérature, mais qu'ils apparaissaient «dans des systèmes de signes autres que le langage» tels que la peinture ou le cinéma : «On peut noter l'orientation manifestement métonymique du cubisme, qui tranforme l'objet en une série de synecdoques ; les peintres surréalistes ont réagi par une conception visiblement métaphorique.»

Rappelons, pour mieux comprendre cette affirmation, que la synecdoque est une figure proche de la métonymie parce que, comme elle, celle-ci fonctionne selon le principe de contiguïté et désigne la partie pour le tout. Le cubisme ayant tendance à privilégier la représentation de la forme et du volume des objets par rapport à celle des autres informations, on peut considérer que ce type de peinture est métonymique. Mais là encore cette simple constatation ne suffit pas et doit s'inscrire, pour être opératoire, dans une réflexion sur les objectifs et les conséquences interprétatives de ce type de démarche.

Quant à la métaphore dans la peinture surréaliste, les exemples ne manquent guère de substitutions visuelles (visage/montre ; mannequin/corps ; nature/chevalet…) qui provoquent le même travail de l'imagination du spectateur que «l'image surréaliste» pouvait le faire en poésie. La dimension créative et cognitive de la métaphore prend alors sa pleine mesure.

Cette évolution, de l'hypothèse d'une rhétorique générale vers sa confirmation, s'est donc faite les années suivantes et il est désormais acquis que la rhétorique ne concerne pas uniquement le langage verbal mais tous les langages : l'hypothèse de départ étant «que s'il existe des lois générales de la signification et de la communication — ce qui est le postulat sémiotique — alors il est possible qu'on y retrouve des phénomènes de polyphonie comparables à ceux qu'on a pu observer dans le langage verbal. La sous-hypothèse est ensuite que ce sont des mécanismes assez généraux qui sont à l'œuvre : généraux donc indépendants du domaine particulier où ils se manifestent [29] ». La recherche a commencé à partir du réexamen de la partie de la rhétorique ancienne connue comme l'*elocutio*, ce que nous avons noté dans les exemples précédents [30]. Nous avons vu néanmoins qu'elle ne négligeait par pour autant une reconsidération de l'*inventio*, comme de la *dispositio*, même en filigrane.

Quoi qu'il en soit, étudier la rhétorique de l'image revient à s'interroger sur «ce jeu sur les formes et le sens» des messages visuels, et ce à différents niveaux qui vont de l'observation des stratégies discursives mises en place à celle des outils plus particuliers qu'elles utilisent.

Pour illustrer ce développement autour de l'image publicitaire et de la rhétorique de l'image, nous aimerions proposer un exemple d'analyse.

2. EXEMPLE D'ANALYSE D'UNE PUBLICITÉ

Il s'agit d'une publicité pour les vêtements Marlboro Classics. Nous nous proposons comme objectif de dégager le discours implicite proposé par cette annonce et de cerner plus précisément le type de public auquel il s'adresse.

Le contexte : cette annonce publicitaire a été publiée dans le numéro du 17 octobre 1991 de l'hebdomadaire *Le Nouvel Observateur*. Le support de l'annonce — le «Nouvel Obs» — s'adresse déjà à un lectorat particulier, mixte, plutôt intellectuel, constitué de «cadres de gauche», de classe moyenne. La saison est importante, compte tenu du produit promu.

2.1 La description

L'annonce se déploie sur une double page, pleines pages.

La page de gauche est totalement remplie par la photographie, dans les

---

29. Cf. le Groupe Mu qui, dans le *Traité du signe visuel, Pour une rhétorique de l'image*, Seuil, 1992, expose les résultats des travaux sémiotiques sur l'image de ces trente dernières années, et propose une rhétorique de l'image, au sein d'une rhétorique générale.
30. Groupe Mu, *Rhétorique générale*, Larousse, 1970.

© Philip Morris Europe S. A.

L'HIVER EST PROCHE, NOS POINTS DE VENTE AUSSI

BOUTIQUES EXCLUSIVES

DIJON PASSAGE DARCY GRENOBLE 18, RUE DE STRASBOURG LILLE PLACE DES PATINIERS LYON 02 6, RUE JEAN DE TOURNES MARSEILLE 01 5, RUE FRANCIS DAVSO
NICE 4, RUE LONGCHAMP PARIS 02 9, RUE D'ABOUKIR "PLACE DES VICTOIRES" PARIS 16 50, RUE SAINT-DIDIER

CORNERS

AIX-EN-PROVENCE ESPACE MARLBORO CLASSICS PARIS 09 BD HAUSSMANN GALERIES LAFAYETTE PARIS 15 MAINE MONTPARNASSE GALERIES LAFAYETTE VAL-D'ISÈRE SNOW FUN

POINTS DE VENTE

ABBEVILLE GRAFFITI AIX-EN-PROVENCE BAZAR ALBI NEVADA ANNECY MARIE JULES LES ARCS 1800 POP CORN AURILLAC MADNESS AUTUN NEW JIMMY AUXERRE AUTRE CHOSE
BARCELONNETTE LES UNS ET LES AUTRES BERCK PLAGE PIERRE H. BESANÇON BLEU MARINE BIARRITZ ELLIS PARK BIARRITZ GOLFER BORDEAUX CASE DÉPART BORDEAUX OXMAN
BORDEAUX CHAPPARAL & CHAPPARAL BOULOGNE-SUR-MER JEAN CHRIS BRIVE GOLDEN RIFLE CAEN OUEST ÉQUITATION CANNES ARNOLD & PARTNERS CANNES DOCKLAND CASTRES SHOP 81
CHAMONIX SPORTING CHÂTEAUROUX DIANE DE BRENNE CHÂTEAUROUX LONE STORE LE CHESNAY AUTHENTIC CLASSIC CHOLET LA BASANE COLMAR LA COMPAGNIE
CORBEIL CARTOUCHE COURCHEVEL OXYGÈNE DECAZEVILLE SAXO DINAN ROLLAND EXTENSION DREUX AUX TRAVAILLEURS ÉVRY WESTERN CANDY GAP PATRICE BENOÎT
GRASSE LE GRENIER GRENOBLE CACTUS LE HAVRE TERRITOIRE ÎLE-ROUSSE SUBWAY LAVAL LE COLONIAL LILLE LA MODERIE LONS-LE-SAUNIER AMERICAN COMPLEMENT LYON DANSEL
LYON STOCK AMÉRICAIN LYON SPRINGER LE MANS L'HOMME D'EMMMANUELLE MARSEILLE ARNOLD & PARTNERS MARSEILLE CENTRIFUGE MARSEILLE PRINTEMPS VALENTINE
MARTIGUES GAUDISSARD CASTELLI MÉRIBEL OXYGÈNE METZ FISS METZ LONG DISTANCE METZ TONIC SPORT MONTARGIS AUTHENTIC MONTCEAU-LES-MINES NEW JIMMY
MONTPELLIER GROC MULHOUSE LE GLOBE MULHOUSE STOCKS AMÉRICAINS NANCY WEEK-END NICE ARNOLD & PARTNERS NOGENT-SUR-MARNE NEW LOOK MONTRON LAFFARGE SPORT
ORLÉANS HIPPARION PARIS 01 FORUM DES HALLES NIV.-2 SOUS ET LES AUTRES PARIS 01 FORUM DES HALLES NIV.-3 CHEWING GUM
PARIS 01 FORUM DES HALLES NIV.-3 WESTERN COUNTRY PARIS 01 PING-PONG PARIS 04 UNITED CLEVELAND PARIS 06 ATOMIC CITY PARIS 06 PING-PONG PARIS 08 HARWEST
PARIS 08 WHISPER PARIS 09 JACK DE NEW YORK PARIS 11 COMPTOIR DU DÉSERT PARIS 15 EPSILON PERPIGNAN AUTHENTIC
LE PUY PRÉFACE QUIMPER SQUARE RENNES SCOTT LA ROCHEFOUCAULD WEST VALLEY RODEZ CARTOUCHE RODEZ OLYMPIADE ROMANS DEDY ROYAN BROTHERS AND FÉMININS
SAINT-ÉTIENNE REDFORD SAINT-GILLES-CROIX-DE-VIE BOUTIQUE LOOK SAINT-PIERRE-DU-PERRAY AXEL SPORT - CC DU CLOS GUINAULT SAINTES EQUUS SARREGUEMINES SYMPHONIE
SCEAUX DISSIDENCE SÈTE EQUI LIBRE SOISSONS SAFARI JEANS STRASBOURG ROOTS TASSIN-LA-DEMI-LUNE CLINTON'S THIAIS FALZARD - CC BELLE ÉPINE
THIONVILLE PACO THONON ANDREA LORENZI TIGNES DOIT ASKIS TOULON PIERRE BRUTE TOULON LORD JOHN VALENCE BADO SPORTS VALENCIENNES ANDRÉ GRÉDÉ
VILLEFRANCHE ARNAUD G. VÉLIZY-VILLACOUBLAY FALZARD - CC VÉLIZY II VINCENNES BROTHERS VOIRON J.C. RAVET

POUR PLUS D'INFORMATIONS FRANCE : I.F.T. INT'L FASHION TRADING S.A. - AVENUE DE COUR 135, 1007 LAUSANNE, SUISSE - TÉL. : 021/617 4510.

Marlboro Classics
FITS THE MAN*

N PRODUIT DE MARLBORO LEISURE WEAR

*HABILLE LES HOM

tons bruns sur fond blanc grisé, d'une partie du buste d'un personnage habillé d'un blouson de cuir, tenant de la main droite gantée les rênes d'un cheval, dont on n'aperçoit que la fourrure de l'encolure et le pommeau de la selle. Cette photographie constitue une grande masse sombre qui remplit tout l'espace situé sous la diagonale, à droite de l'«image».

La page de droite comprend dans le tiers supérieur de la page une petite photographie (format 8x10), centrée, et représentant un paysage sous la neige : des barrières de bois brun semblant délimiter un *corral*, sur un arrière-plan de neige et d'arbres dénudés. On ne voit pas de ciel.

Un texte surmonte cette photo : «L'hiver est proche, nos points de vente aussi.» Sous la photographie suit une liste d'adresses en France, classées par catégories : «Boutiques exclusives, Corners, Points de vente». Les noms des villes sont soulignés. Cette liste de noms et d'adresses remplit presque toute la page.

Tout en bas de la page, centrée, en grands caractères gras, la marque du produit : *Marlboro Classics* et, en dessous, en plus petit «*Fits the man*» ; Un petit astérisque accolé renvoie en bas à droite à une minuscule traduction : «Habille les hommes», à laquelle correspond, dans la même taille de caractères, tout en bas à gauche : «Un produit de Marlboro Leisure Wear».

Trois types de messages constituent ce message visuel : un *message plastique*, un *message iconique* et un *message linguistique*. L'analyse de chacun d'entre eux, puis l'étude de leur interaction, devrait nous permettre de dégager le message implicite global de l'annonce.

2.2 Le message plastique

Nous avons signalé que, parmi les signes visuels qui composent un message visuel, figurent les signes plastiques. La distinction théorique entre signes plastiques et signes iconiques remonte aux années 1980, lorsque le groupe Mu, en particulier, a réussi à démontrer que les éléments plastiques des images : couleurs, formes, composition, texture, étaient des signes pleins et à part entière et non la simple matière d'expression des signes iconiques (figuratifs)[31]. Cette distinction fondamentale permet, selon nous,

---

31. Cf. *Traité du signe visuel, op. cit.*, ou, pour un développement plus succinct, Martine Joly, *L'Image et les Signes, op. cit.*

de déceler qu'une grande part de la signification du message visuel est déterminée par les choix plastiques et non pas uniquement par les signes iconiques analogiques, quoique le fonctionnement des deux types de signes soit circulaire et complémentaire. C'est pourquoi nous préférons commencer notre analyse par celle des outils plastiques, avant de nous laisser entraîner par l'interprétation des signes iconiques, dont la désignation domine déjà nécessairement la description verbale.

Le support

Papier journal, semi-glacé, format magazine, double page. Renvoie à l'univers de la presse hebdomadaire d'une certaine qualité et à l'alternance nécessaire qu'on y trouve entre pages de publicité et articles de fond.

Les dimensions de l'annonce, sa mise en page, le type de caractères employés signalent que ce message visuel est une publicité. Il y a là une sorte de respect d'une tradition publicitaire qui veut que la publicité se donne pour ce qu'elle est.

Ce n'est pas toujours le cas, en particulier dans l'hebdomadaire en question, où l'on peut voir des glissements de genre parfois troublants, tels que des mises en pages et des typographies de reportage qui se révèlent, à la lecture, être du «publi-reportage», c'est-à-dire de la publicité. Celle-ci emprunte alors les marques conventionnelles du reportage journalistique et les déplace vers la publicité.

Point de procédé de ce genre ici, la pub se donne pour une «pub».

Il s'agit ensuite de photographies imprimées qui «naturalisent» la représentation dans la mesure où elles se présentent comme des images figuratives, traces enregistrées de la réalité même, et tendent ainsi à faire oublier leur caractère construit et choisi.

Le cadre

Toute image a des limites physiques qui sont, selon les époques et les styles, plus ou moins matérialisées par un cadre. Le cadre, même s'il n'a pas toujours existé[32], est souvent ressenti comme une contrainte et, dès lors, on s'efforce de l'estomper et de le faire oublier. Plusieurs procédés

---

32. *Cf.* «Rhétorique et sémiotique du cadre», in *Traité du signe visuel, op. cit.*, et Isabelle Cahn, *Cadres des peintres*, Hermann, 1989.

s'offrent alors qui peuvent aller du recadrage interne du message visuel à l'effacement pur et simple du cadre.

Sur la page de gauche, la photographie n'est pas circonscrite par un cadre mais semble coupée, interrompue, par les bords de la page : si nous n'en voyons pas plus c'est parce que la page est trop petite.

Ce procédé de faire se confondre le cadre (ou les limites) de l'image et le bord du support a des conséquences particulières sur l'imaginaire du spectateur. En effet, cette coupure, attribuée à la dimension du support plus qu'à un choix de cadrage, pousse le spectateur à construire imaginairement ce que l'on ne voit pas dans le *champ* visuel de la représentation, mais qui néanmoins le complète : le *hors-champ*.

L'absence de cadre, sur la page de gauche par où commence la lecture, instaure donc une image centrifuge, stimulant une construction imaginaire complémentaire. Le cinéma nous ayant depuis longtemps familiarisé avec ce jeu champ/hors-champ, le procédé renvoie implicitement à l'univers cinématographique.

L'espace blanc de la page de droite, au contraire, sert de cadre à la petite photographie, qui vient s'incruster, comme une vignette, centrée dans son tiers supérieur. L'effet de cadre resserre au contraire la représentation visuelle, invitant dans un processus de lecture centripète à entrer dans sa profondeur fictive, comme dans celle d'un tableau paysager. Le procédé renvoie alors plus à la tradition picturale, dont s'est d'abord inspirée la photographie, qu'à celle du cinéma.

Le cadrage

Il n'est pas à confondre avec le cadre. Le cadre est la limite de la représentation visuelle, le cadrage correspond à la taille de l'image, résultat supposé de la distance entre le sujet photographié et l'objectif.

Les cadrages s'opposent entre les deux pages : vertical et très serré à gauche, il donne une impression de grande proximité ; horizontal et large à droite, une impression d'éloignement. En même temps ils proposent une sorte de renversement comparatif des proportions : le petit (le blouson, le culturel) devient très grand alors que le très grand (la nature) devient très petit.

Angle de prise de vue et choix de l'objectif

Leur choix est déterminant car c'est lui qui renforce ou contredit l'impression de réalité liée au support photographique.

Certains angles de prise de vue très marqués sont liés conventionnellement à certaines significations : la plongée et l'impression d'écrasement des personnages par exemple, la contre-plongée et leur magnification. Il faut néanmoins se rappeler que ces significations, pour ordinaires qu'elles soient, restent extrêmement conventionnelles, et n'ont rien d'«obligatoire». Nombre de réalisateurs ou de photographes les utilisent à contre-emploi en toute lisibilité. Donc chaque cas est à examiner avec soin. Cependant l'angle «à hauteur d'homme et de face» est celui qui donne le plus facilement une impression de réalité et «naturalise» la scène, car il imite la vision «naturelle» et se distingue de points de vue plus sophistiqués (l'oblique, par exemple) qui désignent un opérateur au lieu de le faire oublier.

Ici, dans le premier cliché, l'angle de prise de vue est celui d'une très légère contre-plongée, qui situe le regard à hauteur d'homme à pied (et du cheval) et donne au personnage hauteur et force. Dans le deuxième cliché au contraire, l'angle de prise de vue est une plongée discrète, ce qui donne au spectateur l'impression de dominer quelque peu le paysage.

En ce qui concerne le choix de l'objectif, les effets sont semblables. Il existe des objectifs à grande profondeur de champ (tout est net du premier plan à l'arrière-plan) qui donnent une illusion de profondeur à la photographie, et semblent ainsi se rapprocher presque parfaitement de la vision naturelle (le 50 mm, par exemple[33]).

Rappelons que la notion de *profondeur de champ*, en photographie comme au cinéma, désigne un procédé optique permettant d'obtenir des images aussi nettes au premier plan qu'à l'arrière-plan, grâce à l'utilisation d'objectifs à courte focale.

Cette notion est liée à une représentation de l'espace qui donne l'illusion de la troisième dimension, alors que l'on a affaire à une image plate en deux dimensions. C'est la tradition de la représentation en «perspective» (la *prospettiva* italienne) telle qu'elle était utilisée à la Renaissance par les peintres théoriciens du *Quattrocento* : «art de représenter les objets sur une surface plane de façon que cette représentation soit semblable à la percep-

33. C'est l'objectif utilisé par Cartier-Bresson.

tion visuelle qu'on peut avoir des objets». Tout le problème réside dans le semblable[34]...

Cette impression de vision naturelle est convenue elle aussi, et si elle respecte les lois de la représentation en perspective, elle ne respecte pas celles de la vision naturelle qui ne voit jamais un paysage, ni quoi que ce soit, net dans son ensemble, mais doit bouger et s'accommoder sans cesse[35]. Cependant c'est le choix de ce type d'objectif qui donne la plus grande impression de «naturalité». D'autres objectifs, à focale plus longue (y compris les télé-objectifs), joueront sur le flou et le net, écraseront la perspective, et donneront des représentations plus expressives. D'autres encore, tels que le grand angle ou le *fish eye*, en déformant la perspective, produiront encore d'autres effets. Par exemple, l'utilisation assez fréquente pour les reportages de 28, 24 ou 20 mm (dits grand-angulaires) produit souvent des effets de dramatisation assez galvaudés.

Dans notre exemple, l'objectif choisi à gauche est sans doute un objectif à longue focale, compte tenu des légers effets de flou à l'arrière-plan et au tout premier plan, au bas de la photographie. L'opposition entre ces zones très légèrement floues et le net du cuir du blouson et du pommeau de la selle focalise le regard sur certains éléments de la photo au détriment d'autres, et désigne ainsi, visuellement, des zones privilégiées d'attention. C'est une manière de détacher un motif sur un fond, en échappant à la contrainte du contour. L'absence de profondeur est aussi une manière de transformer un lieu en un lieu de nulle part, et donc de partout.

À l'inverse, l'objectif choisi pour la photo de paysage a un rendu parfaitement net partout et creuse ainsi l'effet de profondeur, comme dans un espace réel à trois dimensions.

Composition, mise en page

La composition, ou géographie intérieure du message visuel, est un de ses outils plastiques fondamentaux. Elle a, en effet, un rôle essentiel dans la hiérarchisation de la vision et donc dans l'orientation de la lecture de

---

34. En ce qui concerne l'apparition de la perspective dans la représentation visuelle occidentale et ses implications idéologiques, voir : P. Francastel, *Peinture et société*, Denoël, 1977, et *La Figure et le Lieu*, Gallimard, 1980, ainsi que E. Panofski, *La Perspective comme forme symbolique*, Minuit, 1975.
35. Sur la physiologie de la vision, voir Jacques Aumont, *L'Image*, *op. cit.*

l'image. Dans toute image (peinture, plan de cinéma, dessin, image de synthèse, etc.), la construction est capitale, respecte ou rejette un certain nombre de conventions élaborées au fil des époques, varie selon les périodes et les styles. Mais toujours l'œil suit «les chemins qui lui ont été ménagés dans l'œuvre[36]», ce qui contredit cette idée injustement répandue d'une lecture «globale» de l'image.

En ce qui concerne l'image publicitaire, la composition est étudiée de manière telle «que le regard sélectionne dans l'annonce les surfaces porteuses des informations clés[37]», d'autant plus que l'on sait qu'il existe des modèles, ou *patterns*, de lecture qui ne confèrent pas la même valeur aux différents emplacements de la page. Le sens de la lecture est bien sûr déterminant : la lecture de gauche à droite implique une composition spécifique, de même que la lecture verticale (chinois, japonais) ou de droite à gauche (arabe). Dans un autre de ces articles fondateurs de la sémiologie de l'image prenant comme support théorique l'image publicitaire, Georges Péninou a rappelé, compte tenu de ces impératifs de lecture, les «configurations privilégiées» que l'on retrouve dans l'image publicitaire. Elles sont au nombre de quatre :
– la construction focalisée : les lignes de force (trait, couleurs, éclairage, formes) convergent vers un point de l'annonce qui fait figure de foyer et devient le lieu du produit à promouvoir. Le regard est comme «tiré» vers un point stratégique de l'annonce où se trouve le produit ;
– la construction axiale qui place le produit exactement dans l'axe du regard, en général au centre précis de l'annonce ;
– la construction en profondeur où le produit est intégré à une scène dans un décor en perspective, et tient le devant de la scène, au premier plan ;
– et la construction séquentielle, qui consiste à faire parcourir l'annonce du regard pour qu'il chute, en fin de parcours, sur le produit, situé le plus souvent, pour la lecture de gauche à droite, en bas à droite de l'annonce. Le modèle le plus convenu de ce type de construction est la construction en Z, qui commence en haut à gauche, fait lire quelque chose qui conduit le regard en haut à droite, pour redescendre en bas à gauche reprendre la lecture d'un petit texte qui se termine sur la représentation du produit, en bas à droite.
  Le rappel de ces principales configurations de l'image publicitaire n'a d'intérêt que si l'on se rappelle que celles-ci sont liées à des projets particu-

36. Paul Klee, *Théorie de l'art moderne*, cité par Georges Péninou, *art. cit.*
37. Georges Péninou, «Physique et métaphysique de l'image publicitaire», in *Communications*, n°15, Seuil, 1970.

liers : le lancement d'un produit sur le marché emprunte volontiers la construction axiale dans laquelle le produit a le plus souvent le monopole de l'éclairage et de la couleur, projeté qu'il est vers nous ; rendre compte de l'existence du produit déjà connu se fera plus volontiers avec des constructions focalisées ou en profondeur ; on attribuera enfin au produit des qualités qui lui sont extérieures, avec une construction séquentielle qui déplace, au cours de la lecture, les qualités de l'annonce (décor luxueux, nature, mer, etc.) sur le produit. On sait que ce type de procédé a été interdit, comme mensonger, pour les cigarettes.

Pour revenir à notre exemple, nous avons une construction séquentielle, d'une page à l'autre, qui chute sur la marque, en bas de la deuxième page. Néanmoins chaque page a sa logique propre.

À gauche, la construction massive et oblique conduit le regard du point le plus net, brillant et lumineux de l'annonce, quasiment en position axiale (le sommet du pommeau de la selle), en lecture ascensionnelle, vers le haut à droite, d'où il pourra poursuivre la lecture, horizontale d'abord pour lire le commentaire verbal, puis verticale cette fois, de haut en bas de la page, pour finir sur le nom du produit. Une construction séquentielle dynamique d'abord : l'orientation oblique ascendante vers la droite est une orientation qui, dans notre culture, est souvent associée aux idées de dynamisme, d'énergie, de progression, d'espoir, etc. alors que l'inverse, le parcours d'une oblique descendante vers la gauche ou vers la droite, est plutôt lié à des idées de chute, d'écrasement ou de régression. On remarque que ici la lecture descendante est verticale, et non oblique, qu'elle évite donc ce type d'association pour favoriser celle de droiture et d'équilibre.

Les formes

L'interprétation des formes, comme celle des autres outils plastiques, est essentiellement anthropologique et culturelle. Et, bien souvent, on s'interdit de porter l'interprétation que l'on en fait nécessairement à la conscience en la verbalisant, parce qu'on s'estime insuffisamment cultivé ou trop ignorant des arts plastiques pour s'autoriser à le faire. Cette auto-censure, qui peut aussi prendre la forme de la non-reconnaissance pure et simple («C'est comme c'est, il n'y a rien à dire») ne nous procure pas pour autant plus d'indépendance d'esprit, ni de liberté intellectuelle. Au contraire, car, en particulier en publicité, l'annonceur joue sur les savoirs plus ou moins intériorisés du lecteur cible, dont il s'est assuré par toutes sortes d'études que nous avons évoquées plus haut.

Un autre obstacle à l'interprétation des formes, comme à celle des couleurs à un moindre degré peut-être, est la figurativité des images, surtout photographiques : les formes apparaissent comme des données de la nature (pas de commentaire à faire sur la silhouette d'un homme ou d'un arbre : elles sont ainsi) et on en oublie leur caractère choisi.

Ainsi, pour voir les formes organisées dans un message visuel, et comprendre l'interprétation qu'elles induisent, il faut s'efforcer d'oublier ce qu'elles représentent, et les regarder pour elles-mêmes, avec attention. En publicité en particulier, ce sont souvent les associations les plus banales et stéréotypées qui sont provoquées, en raison de la recherche d'une compréhension claire et rapide : lignes courbes, formes rondes et féminité, douceur ; formes aiguës, lignes droites et virilité et dynamisme, etc.

Donc, dans notre exemple, oublions de trop lire et de trop reconnaître, et observons. Nous nous apercevons que là encore un système d'opposition est mis en place : à gauche, des formes molles, organisées en *masse* ; à droite, tout un système de *traits*, hachures fines et verticales, certaines soulignées d'un trait horizontal, les hachures de la typographie rappelant les hachures de la photographie du haut. Toute la page est composée de traits sombres et fins, sur fond blanc : comme le souvenir perceptif d'une chute de neige très douce et très lente. Tout en bas, la massivité et l'obscurité des caractères typographiques viennent faire un écho visuel à la massivité molle de la page de gauche, dont la forme cylindrique et verticale vient cependant compenser la douceur.

Les couleurs et l'éclairage

L'interprétation des couleurs et de la lumière, comme celle des formes, est anthropologique. Leur perception, comme toute perception, est culturelle, mais peut-être nous semble-t-elle plus «naturelle» que toute autre, comme donnée. Cependant c'est cette «naturalité» même qui peut nous aider, au bout du compte, à les interpréter. En effet, la couleur et l'éclairage ont sur le spectateur un effet psycho-physiologique parce que, «perçus optiquement et vécus psychiquement[38]», ils mettent le spectateur dans un état qui

---

38. Selon l'expression du peintre et professeur Kandinsky, Cours du Bauhaus, *Écrits complets*, Denoël, 1970.

«ressemble» à celui de son expérience première et fondatrice des couleurs et de la lumière. Lumière oblique, du matin, du soir, ou d'hiver et les humeurs qui lui sont liées. Lumière zénithale et les impressions d'été. Soleil ou feu, lampe ou projecteur[39]. Force et violence du rouge du sang et du feu, bleu aérien du ciel ou vert apaisant des frondaisons[40]. Autant de références qu'avec un peu de mémoire, les choix faits pour l'image réactivent, avec leurs ajustements socioculturels, bien entendu. Le noir n'est pas plus la couleur du deuil pour tous que le blanc celle de la pureté[41].

Revenons à notre exemple. Les couleurs des deux photographies sont les mêmes : brun, gris pâle, argenté, blanc. Celle des caractères typographiques : noir sur fond blanc. Blanc, «couleur du froid, de la neige, du Nord[42]», gris, couleur du ciel chargé et du métal, noir et blanc le contraire de la couleur, brun de la terre, des écorces, du cuir, de la fourrure. Ces associations, pour évidentes qu'elles soient, dans ce cas précis, sont évidemment très fortement induites par les signes iconiques eux-mêmes. Si ces mêmes couleurs avaient été circonscrites par d'autres motifs (couronne, robe, fleur), il est clair qu'elles mettraient en jeu d'autres types d'associations (royauté, pureté, printemps, par exemple). La circularité iconique/plastique joue ici à plein régime. Néanmoins la «chaleur» des bruns s'oppose à la «froideur» du gris, de l'argent et du blanc.

L'éclairage, dans ces photographies, est, quant à lui, diffus. C'est-à-dire qu'il imite la luminosité terne du ciel hivernal, sans ombres ni relief. La lumière diffuse, par opposition à la lumière violente et orientée, «déréalise» quelque peu les représentations visuelles dans la mesure où elle estompe les repères spatiaux, atténue l'impression de relief, adoucit les couleurs, bloque les références temporelles. Accentuant ainsi le caractère imprécis de la localisation et de la temporalisation de la représentation, elle favorise à nouveau sa généralisation.

---

39. *Cf.* Henri Alekan, *Des lumières et des ombres*, Cinémathèque française.
40. *Cf.* Kandinsky, *Du spirituel dans l'art et dans la nature en particulier*, Galimard, Folio-Essais, 1989.
41. *Cf.* Michel Pastoureau, *Dictionnaire des couleurs de notre temps. Symbolique et société*, Bonneton, 1992.
42. Mais aussi, en Occident, de la pureté, de la chasteté de l'innocence ; de l'hygiène, de la propreté; de la simplicité, de la paix ; de la sagesse, de la vieillesse ; de l'aristocratie, de la monarchie ; de l'absence de couleur ; la couleur du divin. *Cf.* article «Blanc» in Michel Pastoureau, *op. cit.*

La texture

Considérer la texture comme un «signe plastique» est une démarche relativement nouvelle, et qui fut longtemps absente de la théorie et de l'histoire de l'art, comme de la sémiotique[43]. Elle ne fut cependant pas absente des préoccupations des peintres, des photographes, des opérateurs de cinéma, bref des plasticiens de tous genres[44]. Pour le groupe Mu, la texture est une qualité de surface, comme la couleur, qui se définit par la qualité de ses éléments (nature, dimension) et la qualité de leur répétition. Dans une image à deux dimensions, la texture est «directement ou indirectement liée à la troisième dimension». On a pu ainsi dire que la peinture — cette qualité d'épaisseur — qui donne au tableau un caractère tactile était la troisième dimension du tableau. La perception visuelle que l'on considère comme froide, parce qu'elle suppose une mise à distance du spectateur, est «réchauffée», pourrait-on dire, rendue plus sensuelle, par la texture de la représentation, qui sollicite, elle, une perception tactile. En sollicitant à partir de sensations visuelles d'autres types de sensations (tactiles, auditives, olfactives), un message visuel peut activer le phénomène des correspondances synesthésiques.

Dans notre exemple, nous avons affaire à des photographies qui, quoique imprimées sur la même qualité de papier, ont une texture différente. La photographie de gauche a du «grain», une épaisseur et une rugosité supposées, tandis que la photographie de droite offre une texture lisse, sinon «glacée», qui accentue le caractère de froideur et de distance de l'image.

Synthèse des significations plastiques

Quoiqu'il soit parfois difficile de séparer radicalement signification plastique et signification iconique, cette première approche montre, de manière volontairement didactique, comment le dispositif plastique du message visuel est porteur de significations bien perceptibles. Pour plus de clarté nous pouvons récapituler nos observations sous forme de tableau, tout en rappelant qu'il n'y a rien là de systématique :

---

43. *Cf.* Groupe Mu, *Traité du signe visuel, op. cit.*
44. Du vernissé des peintures des primitifs flamands, au grain des impressionnistes ou des cubistes, jusqu'aux concaténations d'un Pollock, la qualité de la surface — sa texture — est porteuse de significations.

Image prototype

Signifiants plastiques	Signifiés* page de gauche	Signifiés* page de droite
cadre	absent, hors-champ : *imaginaire*	présent, hors-cadre : *concret*
cadrage	serré : *proximité*	large : *distance*
angle de prise de vue	légère contre-plongée : *hauteur, force du modèle*	légère plongée : *domination du spectateur*
choix de l'objectif	longue focale : flou/net, pas de profondeur de champ : *focalisation, généralisation*	courte focale : piqué, profondeur de champ : *espace, précision*
composition	oblique ascendante vers la droite : *dynamisme*	verticale descendante : *équilibre*
formes	masse : *mollesse, douceur,* verticales : *rigidité*	trait, hachures : *finesse*
dimensions	grand	petit
couleurs	dominante *chaude*	dominante *froide*
éclairage	diffus, manque de repères : *généralisation*	diffus, manque de repères : *généralisation*
texture	grain : *tactile*	lisse : *visuel*

---

*Les signifiés sont notés ici en italique.

On s'aperçoit qu'un système d'*oppositions* est mis en place, qui distingue, puis réconcilie les contraires, une fois la lecture achevée. Chaleur, proximité, sensualité, douceur, force, grandeur s'opposent, puis recouvrent de leur réconfort, par une contagion liée au sens de la lecture, le froid, la distance, le petit, le fin et l'éparpillé. Le tactile recouvre le visuel.

On voit que la lecture de la double page instaure ainsi, plus qu'une antithèse visuelle, un véritable *oxymoron*, cette figure qui consiste, par le rapprochement de termes antithétiques, à produire une signification globale adoucie et enrichie des valeurs opposées de chacun des termes[45].

2.3 Le message iconique

Les signes iconiques ou figuratifs ont déjà été en partie répertoriés lors de la description verbale. Il est clair qu'au-delà de la reconnaissance des motifs, obtenue par le respect des règles de transformation représentative, chacun d'eux est là pour autre chose que lui-même, pour les connotations qui le satellisent.

Les motifs

Sur la page de gauche nous avons vu que l'on reconnaissait un blouson de cuir, un bras et une main gantée tenant les rênes d'un cheval, le pommeau d'une selle et l'encolure d'un animal.

Sur la page de droite, un paysage sous la neige, les barrières d'un corral vide.

En réalité, ce type de représentation est éminemment synecdotique (ou métonymique), c'est-à-dire que nous ne voyons que des *parties* d'éléments qui sont là pour désigner *le tout* par contiguïté, de la même manière que l'absence de cadre nous poussait plastiquement à construire le hors-champ de l'image. On a donc un sorte de déplacement de sens organisé de la manière suivante :

Signifiants iconiques	Signifiés de premier niveau	Connotations de deuxième niveau	
manche et rabat d'un blouson	*blouson*	*gamme de vêtements*	*vêtements pour homme*
pommeau de selle	*selle*	*équitation, nature*	*virilité*

---

45. *Cf.* l'«obscure clarté qui tombe des étoiles» de Corneille, qui évoque si justement, par le choc et l'alliance des termes, la luminosité faible du ciel des nuits d'été.

3

Image prototype

poils d'animal	*encolure de cheval*	*cheval*	*troupeau, far-west*
cuir souple	*produit naturel*	*chaleur, sensualité*	*résistance, protection*
gant de cuir main, poignet souple	*main d'homme*	*froid, confort, force et souplesse*	*fermeté équilibre*
pommeau vertical, dur, dressé (tressé)	*point d'appui selle*	*force, adresse physique*	*phallus, virilité*
rênes	*cheval*	*nature, maîtrise*	*far west*
paysage sous la neige		*froid, rudesse de la nature*	
corral	*far-west*		*cow-boy*
corral vide	*transhumances*		*cow-boy*

On pourrait certainement décrire ces mécanismes associatifs différemment. Mais, à quelques détails près, on aboutirait au même résultat. On constate en effet qu'alors qu'on ne voit que peu de chose, ces éléments suffisent à rassembler un certain nombre de qualités attribuées à un homme imaginaire, solide et sportif, équilibré et réconfortant, que l'on assimile progressivement à l'image stéréotypée du cow-boy, répétée et vulgarisée au fil des années par les campagnes publicitaires Marlboro pour les cigarettes.

Nous avons observé jusqu'ici les processus d'associations déclenchés par des représentations d'objets ou de fragments d'objets socioculturellement déterminées (y compris par la publicité).

La pose du modèle

S'y ajoute l'interprétation des postures. En effet les représentations figuratives mettent souvent en scène des personnages, et une part de l'interprétation du message est alors déterminée par la *scénographie* qui reprend des postures culturellement codées elles aussi. La disposition des personnages les uns par rapport aux autres peut être interprétée en référence aux usages sociaux (relations intimes, sociales, publiques...[46]). Mais elle peut l'être aussi par rapport au spectateur.

> En effet l'alternative classique est de présenter le ou les modèle(s) soit de face, soit de profil. Soit ils regardent le spectateur, soit ils ne le regardent pas. Georges Péninou a montré que, en publicité, l'implication du spectateur était très différente dans l'un ou l'autre cas[47]. Soit le personnage donne au spectateur, en le regardant «les yeux dans les yeux», l'impression d'avoir avec lui une relation interpersonnelle, instaurée entre un «je» et un «tu» ; soit, en détournant le regard, il lui donne l'impression d'assister à un spectacle donné par un «il», une troisième personne. Le type d'adhésion sollicité alors est différent lui aussi : désir de dialogue et de réponse à une injonction dans le cas du «face à face», désir d'imitation, d'appropriation des qualités du modèle dans le cas du «spectacle».

Dans notre exemple, deux remarques s'imposent à propos de la posture du modèle : la première, bien sûr, c'est qu'on ne voit pas son visage ; la seconde, c'est ce que suggère la position du bras et de la main.

Non seulement on ne voit pas le visage du modèle, mais le cadrage est tel qu'il n'y a pas de tête du tout. L'aspect provocateur de cette décapitation, qui pourrait être insupportable, parce que précisément trop en rupture avec l'«horizon d'attente» du spectateur de publicité où les visages ont une place le plus souvent prépondérante (capitale ?), est atténué ici par plusieurs effets complémentaires.

La stimulation, par l'absence de cadre, de la construction d'un hors-champ pousse le spectateur à imaginer le visage manquant, comme le reste du corps, la monture, le paysage. Le fait de concentrer le regard sur le torse et l'arrondi protecteur du bras masque l'impression d'observer un corps morcelé pour favoriser celle de refuge et de réconfort. Enfin, l'absence de

---

46. La discipline appelée la proxémique étudie la signification de la gestion de l'espace interpersonnel en fonction des cultures ; *cf.* Edward Hall, *La Dimension cachée*, Points-Seuil, 1971.
47. Georges Péninou, *art. cit.* Cf. aussi Pierre Fresnault-Deruelle, in *L'Éloquence des images*, PUF, 1993. Au cinéma, à la télévision, le regard ou le non-regard au spectateur ont des implications particulières étudiées ailleurs. Cf. Eliseo Veron, «Il est là, je le vois, il me parle», in «Énonciation et cinéma», *Communications*, n° 38, Seuil, 1983, ou encore : Francesco Casetti, *D'un regard l'autre*, (trad. fr.), PUL, 1990.

portrait précis permet à chacun de donner au modèle les traits de son choix, y compris les siens propres.

Cependant cette absence de visage signe la figure de rhétorique majeure de cette annonce publicitaire. La figure de l'*ellipse*. C'est elle qui va asseoir l'argumentation implicite du message. Nous avons vu que le message plastique était étayé par un système d'oppositions qui, réunies par la lecture de l'ensemble du message, lui donnaient un caractère totalisant de globalité et de généralisation.

L'ellipse, bien qu'elle soit une figure plus répandue que l'oxymoron, a probablement plus de force encore parce qu'elle joue sur le non-dit, le sous-entendu. Son action est alors plus subtile : au lieu de développer un argument par son affirmation explicite, elle le développe en creux, en jouant sur le savoir du lecteur ou du spectateur, créant ainsi un sentiment de complicité entre initiés.

Or ici, ce jeu sur le savoir implicite du spectateur ne consiste pas seulement à le pousser à reconstruire un visage absent, mais aussi à lui donner, ainsi qu'au personnage tout entier, les traits d'un autre personnage absent, ceux du cow-boy Marlboro. Par une série de transferts publicitaires, la marque Marlboro a déplacé son cow-boy fétiche des cigarettes aux allumettes et aux briquets, puis de ceux-ci aux vêtements. Ce déplacement, qui correspond à une diversification des produits Marlboro, ne bloque pas pour autant la reconnaissance de la marque de cigarettes. Cette reconnaissance elliptique provoque, en plus du sentiment de complicité, le plaisir de la connivence devant une nouvelle transgression impunie et impunissable : rien n'est dit, rien n'est montré, rien à dire.

L'ellipse a ici une autre fonction qui est de doter l'annonce d'une réserve temporelle, qui la «narrativise» quelque peu en suggérant un avant et un après de ce qu'elle nous donne à voir. En effet, le *corral* vide (ellipse du troupeau) suggère qu'il a été rempli, qu'il le sera de nouveau et donc que nous sommes dans le moment transitoire de la transhumance, du voyage, après une pause, et avant une autre.

Synthèse du message iconique

L'analyse du message iconique fait bien ressortir que l'interprétation des motifs se joue par l'intermédiaire du processus de la connotation, lui-même porté par des connotateurs de divers ordres : usages socioculturels des objets, des lieux, ou des postures ; citation et autoréférence (le cow-boy

Marlboro) ; figures de rhétorique (l'oxymoron, l'ellipse). On voit que cette interprétation, qui dépend du savoir du spectateur et peut donc varier, s'oriente vers des significations plus ou moins différentes, se distingue de la reconnaissance pure et simple des motifs qui correspond à la description verbale de l'image. Cette simple reconnaissance ne suffit pas à comprendre le message qui se construit avec elle, mais aussi au-delà d'elle.

Ici les différents éléments concourent à associer une certaine idée, stéréotypée, de virilité, d'équilibre, d'aventure, de nature, de chaleur et de calme, de domination tranquille des éléments, à un certain type de vêtements, que pourraient porter le cow-boy Marlboro et tout homme désirant s'attribuer ses qualités.

2.4 Le message linguistique

Tout le monde s'accorde à penser que le message linguistique est déterminant dans l'interprétation d'une «image» dans son ensemble car celle-ci serait particulièrement polysémique, c'est-à-dire qu'elle pourrait produire de nombreuses significations différentes que le message linguistique se devrait de canaliser.

Sans entrer dans l'historique du débat autour de la «polysémie de l'image[48]», ni dans ses implications théoriques, nous rappellerons quelques points qui nous semblent essentiels. Simplement nous dirons que si l'image est polysémique, c'est d'abord parce qu'elle véhicule un grand nombre d'informations, comme n'importe quel énoncé un peu long. Nous avons vu que la description d'une image, même relativement dépouillée comme celle de notre exemple, demande de construire un énoncé relativement long et complexe, porteur lui aussi de nombreuses informations, et donc polysémique. Quant à l'interprétation de l'image, il est vrai qu'elle peut s'orienter différemment selon qu'elle est ou non en relation avec un message linguistique et selon la manière dont ce message, si message linguistique il y a, répond ou non à l'attente du spectateur. Ici, le nom de la marque que l'on perçoit très vite n'a rien de surprenant et oriente la lecture de l'annonce. Si au contraire le texte immédiatement perceptible avait été, par exemple : «Paris, 1912», il est clair que l'effet de surprise aurait été assuré, et l'interprétation quelque peu bousculée.

48. *Cf.* le rappel fait à ce sujet in Martine Joly, *L'Image et les Signes, op. cit.*

Cela dit, on se rappelle que Roland Barthes[49], en distinguant dans l'image publicitaire différents types de messages, avait isolé, le temps de l'analyse, le «message linguistique», pour ensuite étudier le type de rapport qu'il pouvait entretenir avec l'«image», et comment il en orientait la lecture. Pour lui, deux grands cas de figure se présentent : soit le texte a, par rapport à l'image, une fonction d'*ancrage*, soit il a une fonction de *relais*.

La fonction d'*ancrage* consiste à arrêter cette «chaîne flottante du sens» qu'engendrerait la nécessaire polysémie de l'image, en désignant «le bon niveau de lecture», quoi privilégier parmi les différentes interprétations que peut solliciter l'image seule. La presse offre des exemples quotidiens de cette fonction d'ancrage du message linguistique, qu'on appelle aussi la «légende» de l'image. Sous la photographie de jeunes soldats français blessés dans les décombres de Beyrouth, il n'est pas indifférent de lire selon l'hebdomadaire qui publie ce type de photo : «Le sacrifice des jeunes Français», ou «La mort lente...».

La fonction de *relais* se manifesterait, quant à elle, lorsque le message linguistique viendrait suppléer des carences expressives de l'image, prendre son relais. En effet, malgré la richesse expressive et communicative d'un message purement visuel (la longueur de notre analyse le prouve), il y a des choses qu'il ne peut pas dire sans recours au verbal.

Ainsi les indications précises de lieu ou de temps, les indications de durée, les pensées ou les paroles des personnages. On a alors recours à toutes sortes de subterfuges tels que des images stéréotypées pour les lieux (la tour Eiffel = Paris ; Big Ben = Londres ; l'Empire State Building = New York, etc.), ou l'usage de pancartes, celui de calendriers, de pendules, etc. pour le temps. Quant aux «Pendant ce temps-là», «Une semaine plus tard», etc., les bandes dessinées nous ont depuis longtemps familiarisés avec ce type d'écriture relais indiquant la durée, la simultanéité, ou encore l'anticipation, le «futur».

Le message linguistique se divise ici lui-même en trois types de messages : une «légende» : «L'hiver est proche, nos points de vente aussi.» Une liste d'adresses. La marque Marlboro classics et une précision : «*Fits the man*» avec sa traduction en français. Mais avant d'analyser

---

49. Roland Barthes, *art. cit.*

le contenu de ces messages linguistiques, attardons-nous un instant sur leur aspect plastique.

L'«image des mots»

La différence de contenu de ces messages est en effet d'abord signalée par leur typographie, leur couleur et leur disposition dans la page. Leur hiérarchie réciproque nous est indiquée par la hauteur et l'épaisseur des lettres : haut et gras pour la marque, capitales fines pour la légende, petites capitales fines pour les adresses. Cette hiérarchie typographique ne correspond pas au sens de la lecture qui, s'il suivait la verticale descendante de la mise en page, passerait du moyen au petit, pour finir sur le gros. L'appel visuel que constituent l'épaisseur et la massivité de la marque provoque en fait un premier balayage de la page de bas en haut, puis de haut en bas, faisant passer le regard par l'ordre plus logique du gros au moyen, au petit pour à nouveau chuter sur le gros. Ainsi le procédé de la répétition explicite, couramment employé dans les images publicitaires, se fait ici par l'organisation du parcours du regard qui, partant d'un point, est amené à y revenir.

Le choix de la typographie a aussi son importance en tant que choix plastique. Les mots ont, bien sûr, une signification immédiatement compréhensible, mais cette signification est colorée, teintée, orientée, avant même d'être perçue, par l'aspect plastique de la typographie (son orientation, sa forme, sa couleur, sa texture), de la même manière que les choix plastiques contribuent à la signication de l'image visuelle.

Ici le choix de la couleur noire sur fond blanc provoque différents types d'associations interprétatives. C'est la couleur de la marque bien connue des cigarettes. Au lieu d'être associée à du rouge et à du blanc, comme sur les paquets de cigarettes, elle est ici associée à du brun, du gris et du blanc, ce qui constitue une sorte de déclinaison visuelle de la marque, correspondant à la diversification des produits. Mais là encore le jeu sur l'implicite ajoute sa signification : on a du brun et pas du rouge vif. On reste dans les couleurs chaudes, mais dans une variante adoucie, plus terrienne, plus «nature». Glissement de ton (au double sens du terme), qui va être attribué au produit même.

Quant au choix des caractères, il ne reprend pas celui de la marque de cigarettes ; il n'est pas neutre pour autant : ce sont des caractères étroits et à empattement qui renvoient à une notion de classicisme.

La classification classique des caractères[50] distingue trois grands types de caractères à empattement : triangulaire, filiforme et rectangulaire, par opposition aux caractères sans empattement. Ceux-ci sont considérés comme des caractères «modernes»[51]. Le choix des caractères est donc très important dans l'implicite du message. Ainsi le choix de l'empattement triangulaire fait implicitement référence au développement de la presse au XIXᵉ siècle. On voit donc comment cette allusion, associée à l'image du cow-boy, renvoie à l'univers stéréotypé du typographe de «l'ouest», à l'idée de conquête, d'aventure et de progrès.

Le contenu linguistique

Passons enfin au contenu de la légende : «L'hiver est proche, nos points de vente aussi», et au type de relation qu'elle entretient avec le reste de l'annonce ainsi qu'avec son contexte d'apparition. On se rappelle, en effet, que celle-ci se trouve dans un hebdomadaire du mois d'octobre, peu avant l'hiver pour le lecteur du moment.

On voit que cette légende assume la double fonction d'ancrage et de relais. Ancrage lorsqu'elle désigne l'hiver, la saison froide, la neige, comme niveau de lecture privilégié des photographies, parmi tous les autres éléments que nous avons observés. Relais pour le reste du message. En effet la proximité dans le temps d'une saison ou de n'importe quoi d'autre est visuellement irreprésentable, de même que le jeu de sens entre la proximité temporelle, l'imminence de l'hiver, et la proximité spatiale des magasins. Relais encore dans le «nos» : l'instauration d'un «nous» face à un «vous» implicite est une chose visuellement représentable, mais elle est rendue impossible ici par l'absence de visages et de regards. La langue vient alors se charger de cette implication interpersonnelle. De même «points de vente» vient donner une information que l'on a préféré ne pas représenter visuellement au profit d'autres connotations moins fonctionnelles et plus porteuses d'imagination. Enfin le «aussi» est un magnifique relais verbal dans la mesure où, si la notion de comparaison est représentable visuellement, celle d'égalité est plus délicate.

---

50. *Cf.* la classification Thibaudeau, qui date des années 1914, ou la classification Vox, des années 1960. D'autres, plus récentes, existent aussi.
51. On pense à la typographie du Bauhaus, par exemple.

Enfin la syntaxe de la phrase est intéressante dans la mesure où elle utilise une variante rhétorique de l'ellipse : le *zeugma*, qui consiste à sous-entendre dans une proposition un ou plusieurs terme(s) déjà employé(s) dans la proposition précédente. En toute grammaticalité, nous devrions avoir :«L'hiver est proche, nos points de vente *sont proches* aussi*», d'autant plus que le verbe et l'adjectif sous-entendus ne sont pas au même nombre que ceux qui sont formulés auparavant. Cette figure, qui allège considérablement la formulation, a surtout pour effet de contaminer une proposition par l'autre, transférant les qualités saisonnières et temporelles de la première sur la seconde, provoquant ainsi une association et une assimilation entre «hiver» et «points de vente», entre proximité temporelle et proximité géographique. Elle a donc un effet d'harmonisation semblable à celui de l'oxymoron visuel que nous avions remarqué plus haut, tout en reprenant le procédé de l'ellipse et de la complicité qui lui est liée.

Quant à l'effet d'accumulation verbale et d'éparpillement visuel des adresses, ils donnent bien sûr l'impression que Marlboro Classics est vraiment partout. Cette universalité de la marque est aussi signalée par l'utilisation de la langue américaine : «*fits the man*» et l'article défini généralisant *the* : autant dire l'humanité tout entière.

Synthèse générale

La synthèse globale du message implicite construit par cette annonce est désormais facile à faire et nous laissons au lecteur le loisir de la formuler, à titre d'exercice, en reprenant les éléments de chaque synthèse transitoire. Nous voudrions quant à nous finir avec quelques remarques sur la méthode et ses résultats.

Conclusion

Ce que nous espérons avoir montré par cet exemple d'analyse c'est à quel point la signification globale d'un message visuel est construite par l'interaction de différents outils, de différents types de signes : plastiques, iconiques, linguistiques. Que l'interprétation de ces différents types de signes joue sur le savoir culturel et socioculturel du spectateur, dans l'esprit duquel tout un travail d'associations mentales est sollicité.

Il est clair que ce travail d'élaboration associative peut se faire, comme il peut ne pas se faire, ou se faire en partie seulement. Le travail de l'analyse, que ne fait pas le lecteur «ordinaire», consiste précisément à repérer le plus grand nombre des sollicitations mises en place, compte tenu du contexte et des objectifs du message visuel, comme de l'horizon d'attente du spectateur. Elle permettra ainsi de mettre à plat les possibilités d'interprétations les plus fondées et les plus collectives, sans pour autant rendre compte, bien entendu, de la totalité ni de la variété des interprétations individuelles.

Nous souhaitons aussi avoir mis en évidence l'importance du message plastique, qu'il concerne l'«image» ou le texte verbal. En effet, on croit souvent que l'on «comprend» une image dans la mesure où on reconnaît un certain nombre de ses motifs et où l'on comprend le message linguistique. L'analyse de cette simple publicité montre que la plupart de ses concepts fondateurs sont les signifiés des signes plastiques, plus que des signes iconiques : chaleur, réconfort, sensualité, dynamisme, équilibre, aventure, généralisation, progrès n'apparaissent ni dans l'iconique, ni dans le linguistique. Ces concepts sont aussi soutenus par des figures de rhétorique, visuelle ou verbale, qui servent ici une rhétorique, au sens d'une argumentation, de la complicité et de la connivence. Plus qu'à convaincre, la rhétorique cherche ici «à plaire et à toucher» dans la pure tradition classique.

La fonction du message publicitaire étant essentiellement conative, c'est-à-dire centrée sur le destinataire, il est logique d'y trouver à l'œuvre des procédés d'implication plastiques tels que la composition, la mise en page ou la typographie-rhétorique, comme l'ellipse, et linguistique (nous/vous).

Enfin la longueur de cette analyse, due essentiellement aux rappels théoriques ou méthodologiques dont elle est émaillée, rappelons-le, semblerait néanmoins donner raison au proverbe «Un bon croquis vaut mieux qu'un long discours». C'est donc précisément sur une réflexion sur les relations souvent houleuses entre l'image et les mots que nous voudrions finir cet ouvrage.

L'IMAGE, LES MOTS

«Mot et image, c'est comme chaise et table : si vous voulez vous mettre à table, vous avez besoin des deux[1].» Ce récent «mot» de Godard à propos de l'image et des mots est selon nous particulièrement judicieux, parce que tout en reconnaissant la spécificité de chaque langage, celui de l'image et celui des mots, Godard montre qu'ils se complètent, qu'ils ont besoin l'un de l'autre pour fonctionner, pour être efficaces.

Cette déclaration est d'autant plus rafraîchissante, de la part d'un «homme d'images», que les relations image/langage sont le plus souvent abordées soit en termes d'exclusion, soit en termes d'interaction, plus rarement en termes de complémentarité. C'est donc sur cet aspect que nous aimerions insister.

1. QUELQUES PRÉJUGÉS

1.1 Exclusion/interaction

Sans revenir en détail sur ces deux types de relations évoquées ailleurs[2], nous rappellerons simplement l'injustice de la grande peur que provoque «la prolifération de l'image», ou «la civilisation de l'image» qui entraîneraient la disparition de «la civilisation de l'écrit», voire du langage verbal dans son ensemble.

Il est en effet injuste de penser que l'image exclut le langage verbal, tout d'abord parce qu'il l'accompagne presque toujours, sous forme de

1. Jean-Luc Godard, in «Ainsi parlait Jean-Luc, Fragments du discours d'un amoureux des mots», *Télérama* , n° 2278, 8/9/93.
2. *Cf.* Martine Joly, *L'Image et les Signes*, *op. cit.*

commentaires, écrits ou oraux, de titres, de légendes, d'articles de presse, de bulles, de didascalies[3], de slogans, de bavardages, presque à l'infini. À quoi reconnaît-on, dans une maison, qu'une télévision, cette «boîte à images», est en marche ? À son bavardage incessant, plus présent encore qu'à la radio, où la musique a une plus grande place. Quant aux images fixes sans textes, elles rompent tellement avec l'attente qu'on en a, que la légende qui les accompagne est «sans légende» ou «sans paroles» ou encore «sans titre»...

1.2 Vérité/fausseté

Non seulement le langage verbal est omniprésent, mais c'est lui qui détermine l'impression de «vérité» ou de fausseté que nous pouvons avoir d'un message visuel.

Une image est en effet jugée «vraie» ou «fausse» non pas à cause de ce qu'elle représente, mais à cause de ce qui nous est dit ou écrit de ce qu'elle représente. Si on admet comme vraie la relation entre le commentaire de l'image et l'image, on jugera celle-ci comme vraie ; si on ne l'admet pas on la jugera fausse. Tout dépend une fois encore de l'attente du spectateur, ce qui nous ramène aussi à la question du vraisemblable, évoquée plus haut. On peut bien sûr jouer de tous les écarts possibles par rapport à ces attentes. Mais encore une fois ces écarts seront plus ou moins bien acceptés en fonction des contextes de communication.

Ainsi lorsque le peintre Valloton[4] donne pour titre à une peinture forte et touchante représentant un homme et une femme qui s'embrassent, serrés l'un contre l'autre dans le coin sombre d'un salon bourgeois, non pas «Le baiser» comme a pu le faire un Rodin pour une des plus connues de ses sculptures, mais «Le mensonge», on reste rêveur et amer. Cependant on accepte l'interprétation proposée, car il s'agit de peinture et donc d'expression, plus que d'information.

---

3. Ces petites indications de mise en scène qui émaillent les textes de théâtre : «il entre, il sort», etc. Par analogie, on appelle ainsi les textes «relais» dans les récits en images fixes en séquence tels que : «le mois suivant» ou «au même moment», etc.

4. 1865-1925 : membre du groupe des «Nabis» (les «prophètes» en hébreu), désireux de repenser l'art sous toutes ses formes. Le Grand Palais a rassemblé, fin 1993, une grande part de leurs œuvres.

Lorsque, en revanche, on montre à la télévision des charniers en Roumanie, qu'on les baptise Timisoara, et qu'on apprend ensuite que ces charniers n'étaient pas ceux de Timisoara, alors l'écart est inacceptable parce que contraire à la déontologie de l'information. Le problème, on le voit, est bel et bien posé par la relation entre langage verbal et image, pas par l'image seule : si nous n'avions vu que des images de charnier, nous n'aurions vu que des images de charnier, et voilà tout. Qu'elle soit médiatique ou «artistique», une image «n'est ni vraie ni fausse» comme le déclarait Ernst Gombrich[5] à propos de la peinture. C'est la conformité ou la non-conformité entre le type de relation image/texte et l'attente du spectateur, qui donne à l'œuvre un caractère de vérité ou de fausseté.

2. INTERACTION ET COMPLÉMENTARITÉ

L'ancrage, tel que l'a défini Barthes[6], décrit une forme d'interaction image/texte dans lequel celui-ci vient indiquer le «bon niveau de lecture» de l'image. Ce type d'interaction peut en fait prendre des formes très variées et qui demandent à être analysées au cas par cas.

Ne serait-ce qu'en publicité, on trouve des relations image/texte qui mettent en place toutes sortes de procédés rhétoriques, le plus souvent d'ordre ludique :

– la *suspension* : «aujourd'hui, j'enlève le haut» dont la fonction n'est pas tant de renvoyer à l'image que ce texte accompagne effectivement, qu'à une image à venir (ou à imaginer), celle où la même jeune fille enlèvera le bas ; le même procédé a été employé pour une publicité de bière lancée par un «pour elle je donne ma chemise» qui laissait attendre une représentation visuelle de ce mystérieux «elle» ;

– l'*allusion* : dans le fameux «merci qui ?» qui accompagnait non seulement une ellipse visuelle du produit mais aussi d'une certaine marque ; on se rappelle, dans un autre domaine, l'*ironie* du fameux «Ceci n'est pas une pipe» inscrit par Magritte sous la peinture d'une pipe ;

– le *contrepoint* : fréquent dans la presse lorsqu'un texte donne un certain nombre d'informations autour d'une image symbole, comme le développe-

---

5. Ernst Gombrich, *op. cit.*
6. Roland Barthes, *art. cit.*

ment sur le traité de Maastricht, sous le portrait de François Mitterand à côté du drapeau européen. Contrepoint qui est encore plus fréquent à la télévision, comme l'a montré Michel Chion[7]. En réalité, les variantes des interactions entre image et texte sont aussi nombreuses que celles, plus abondamment étudiées, entre image et parole[8] dans « l'audiovisuel ».

Ce sur quoi nous aimerions insister, quant à nous, c'est sur la complémentarité entre les images et les mots, qui est une forme d'interaction plus large que celles que nous avons décrites plus haut.

2.1 Le relais

La fonction de *relais*, telle que l'a définie Barthes, est une forme de complémentarité entre l'image et les mots, celle qui consiste à dire ce que l'image peut difficilement montrer.

Ainsi, parmi les choses difficilement représentales dans l'image fixe, il y a la temporalité et la causalité. En effet, la tradition dominante de représentation en perspective donne le pas à la représentation de l'espace sur celle du temps. Ce que nous sommes habitués à décrypter, ce sont le près et le loin dans l'espace. Nous admettons l'existence d'écrans visuels, une montagne, un rideau, qui par leur proximité supposée nous masquent ce qu'il y·a derrière eux. Ceci contraint l'image fixe à abandonner la représentation du temps, autre qu'instantané. Raconter une histoire dans une seule image est impossible, alors que l'image en séquence (fixe ou animée) s'est donné les moyens de construire des récits avec leurs relations temporelles et causales. Le roman-photo, les bandes dessinées, les films peuvent raconter des histoires, l'image unique et fixe, non.

Nous avons vu qu'une des préoccupations du mouvement cubiste en peinture avait été précisément d'introduire une nouvelle relation espace-temps dans le tableau en brisant le carcan de la représentation en perspective et de chercher des équivalents visuels à l'expression de la temporalité. Mais la plupart du temps c'est la langue qui va relayer cette incapacité qu'a l'image fixe d'exprimer des relations temporelles ou causales. Les mots vont compléter l'image.

---

7. Michel Chion, *L'Audio-vision*, Nathan, 1990.
8. *Cf.* Michel Chion, *La Voix au cinéma*, éd. de l'Étoile, 1982, ou *La Toile trouée*, éd. de l'Étoile, 1988.

2.2 Le symbole

La complémentarité verbale d'une image peut n'être pas seulement cette forme de relais. Elle consiste à donner à l'image une signification qui part d'elle, sans pour autant lui être intrinsèque. Il s'agit alors d'une interpétation qui déborde l'image, déclenche des mots, une pensée, un discours intérieur, en partant de l'image qui en est le support, mais qui s'en détache en même temps.

Ce «complément» de mots peut exister, comme il peut rester «lettre morte». C'est ce qui se passe pour les images symboliques et conventionnelles qui cherchent à exprimer des notions abstraites. Amour, Beauté, Liberté, Paix, etc., autant de notions qui font appel au symbole et, par conséquent, à la bonne volonté interprétative du lecteur. Car le propre du symbole (au contraire de la métaphore), c'est qu'il peut *ne pas* être interprété. Nous pouvons comprendre l'image d'une colombe comme l'image de «la paix», tout comme nous pouvons n'y voir que l'image d'une colombe. Les images peuvent donc appeler une complémentarité verbale aléatoire, qui ne les empêche pas de vivre pour autant.

Un exemple de ce type de complémentarité est particulièrement perceptible dans l'histoire des peintures que l'on appelle les «Vanités». Rarement la force symbolique et conventionnelle de la représentation visuelle a été aussi active. Or, ce phénomène est d'autant plus intéressant que ces peintures, hautement symboliques, étaient intensément réalistes : natures mortes, trophées de chasse, bouquets de fleurs des champs, pyramides de fruits et de légumes, ces tableaux forcent l'admiration par le réalisme quasi illusionniste de la peinture, allant souvent jusqu'au trompe-l'œil : un clou, une mouche, un bout de ficelle, là sur le cadre même, demandent à être chassés ou saisis de la main. Devant le velouté des tissus ou des fourrures, la transparence des cristaux et des gouttes de rosée, nous sommes, comme les fameux oiseaux trompés par la peinture de Zeuxis, prêts à saisir ces fruits, à sentir ces fleurs, à goûter ces vins à la couleur framboisée. Or, malgré l'émerveillement qu'ils provoquent, nous ne savons plus lire ces tableaux comme ils étaient lus au XVe et au XVIe siècle. Relayant la peinture religieuse, cette peinture profane flamande représentant des «natures mortes» avait pour fonction d'entraîner le spectateur dans une méditation spirituelle et religieuse sur la vie et la mort, le bien et le mal, l'éphémère et l'éternel. Chaque motif iconique du tableau avait une signification seconde, codée de manière si forte que les spectateurs de l'époque lisaient le tableau «comme un livre ouvert» : le thème de la mouche ou de la goutte de sang signifiait le mal et la mort, la perdrix la débauche, le héron ou le cygne ailes déployées le Christ en croix[9]. Cette peinture et cette lecture codées ont perdu progressivement leur signification au fil des siècles pour ne plus devenir que des motifs ou des thèmes de recherche plus particulièrement plastique.

Néanmoins cet exemple nous semble extrêmement précieux parce qu'il montre à quel point la «ressemblance», dont on prétend souvent qu'elle représente une finalité de la peinture ou de l'image en général, peut avoir une fonction qui la transcende et appelle le langage pour exister pleinement.

2.3 Image/imaginaire

La complémentarité des images et des mots réside aussi dans le fait qu'ils se nourrissent les uns les autres. Nul besoin d'une coprésence de l'image et du texte pour que ce phénomène existe. Les images engendrent des mots qui engendrent des images dans un mouvement sans fin.

Les images nourrissent les images : ainsi trouve-t-on des films qui racontent des histoires de tableaux ou de photographie. La publicité elle-même est remplie de citations d'autres images, d'autres publicités, d'œuvres d'art, d'images de télévision, d'images scientifiques, etc. La télévision à son tour représente d'autres images que les siennes propres, peintures, images de synthèse, photographie : ces rappels, ces citations, ces détournements permanents ont permis de penser que l'image médiatique ne renvoyait plus à aucun réel mais à elle-même, qu'elle constituait un univers autoréférentiel.

Mais les mots sont là aussi qui nous prouvent à quel point les images peuvent nourrir l'imagination. Les images, les histoires d'images ou d'œuvres d'art sont souvent un formidable déclencheur de fictions litté-

---

9. *Cf.* Bernadette de Boysson et Olivier Le Bihan, *Trophées de chasse*, Musée des Beaux-Arts de Bordeaux/William Blake and Co. éditeur, 1991, où l'on peut voir l'évolution de ce type particulier de «Vanités» du XVIIᵉ au XIXᵉ siècle.

raires qui les utilisent et les mettent en scène. *Délire et rêve dans la Gradiva de Jensen*[10], *La Vénus d'Ille*[11], *Le Portrait de Dorian Gray*[12], pour ne citer qu'eux, sont des exemples célèbres de textes puissants et pleins de «charme», dont l'intrigue a pour point de départ un bas-relief, une statue, une peinture : des «images». Rappelons que jusqu'au XVIIe siècle le mot «charme» (*carmen*, en latin) a eu le sens de «formule magique», ou de «chant magique», provoquant ensorcellement, envoûtement, magnétisme et illusion...

L'image photographique favorise ce mécanisme et c'est souvent que l'on trouve des histoires de photographies, tant dans les films que dans les romans. Il ne s'agit pas là d'un hasard mais du poids spécifique de l'image photographique.

À partir d'un exemple précis, l'analyse des mots inspirés par la photographie nous montrera comment la théorie nous permet de comprendre pourquoi la photographie, plus que tout autre image, peut engendrer le rêve et la fiction.

2.4 À propos d'une photographie

Il s'agit d'un passage du roman *Le Fil de l'horizon*, d'Antonio Tabucchi, où le personnage principal, Spino, tente de trouver l'identité d'un mort grâce à une photographie qu'il a subtilisée dans son portefeuille :

> Chez lui, il a installé son matériel dans la cuisine où il peut travailler plus à son aise que dans le réduit qui lui sert de chambre noire. L'après-midi il a fait provision de révélateur et acheté une cuve en plastique au rayon jardinage d'un grand magasin. Il a disposé le papier sur la table et remonté au maximum l'objectif de l'agrandisseur. Il a obtenu ainsi un rectangle lumineux de trente centimètres sur quarante ; il a inséré sur l'objectif le négatif de la photographie contact qu'il a fait reproduire chez un photographe de confiance.
> Il a tiré la photographie en entier, laissant l'agrandisseur allumé quelques secondes de plus qu'il était nécessaire car la photographie

10. Sigmund Freud.
11. Prosper Mérimée.
12. Oscar Wilde.

de contact était surexposée. Dans la cuve du révélateur, les contours semblaient se dessiner avec peine, comme si une réalité lointaine, irrévocable, était réticente à se laisser ressusciter, comme si elle refusait de se laisser profaner par des yeux étrangers et indiscrets, de se laisser réveiller dans un contexte qui n'était plus le sien. Ce groupe de famille, et il l'a compris, refusait de s'exhiber à nouveau sur la scène des images pour satisfaire la curiosité d'un étranger, en un lieu étranger, à une époque qui n'était plus la sienne. Il a également compris qu'il évoquait des fantômes, qu'il cherchait à leur extorquer, par l'ignoble artifice de la chimie, une complicité forcée, un compromis équivoque auquel ils souscrivaient, en victimes innocentes, par cette pose improvisée confiée aux bons soins d'un photographe d'antan. Vertu suspecte des instantanés ! Ils sourient. Et à présent ce sourire s'adresse à lui, qu'ils le veuillent ou non. L'intimité d'un instant unique de leur vie lui appartient maintenant, dilatée dans le temps et toujours égale à elle-même ; on peut la regarder à loisir, pendue encore toute dégouttante à un fil tendu dans la cuisine. Une éraflure démesurément grossie par l'agrandisseur balafre les silhouettes et le paysage. Est-ce la griffure involontaire d'un ongle, l'inévitable usure des choses, la trace laissée par un objet métallique — clé, montre, briquet — qui a cohabité naguère avec ces visages, dans une poche, dans un tiroir ? Ou bien est-ce une marque tracée involontairement par une main désireuse d'anéantir ce passé ? Quoi qu'il en soit ce passé existe maintenant dans un autre présent, il se soumet malgré lui à l'examen. C'est la véranda d'une modeste maison de banlieue, les marches sont en pierre, une plante grimpante, chétive s'est enroulée autour du linteau et a ouvert ses pâles clochettes ; ce doit être l'été : on devine une lumière éblouissante et les gens ont des vêtements légers. L'homme a une expression de surprise et en même temps d'indolence. Il porte une chemise blanche aux manches retroussées ; il est assis derrière un guéridon de marbre, un broc en verre auquel est appuyé un journal plié en deux est posé devant lui. Il était sûrement en train de lire, et le photographe improvisé a dû l'appeler pour lui faire lever la tête. La mère vient de franchir le seuil, elle est entrée dans la photo sans même s'en apercevoir. Elle a un visage émacié et porte un petit tablier à fleurs. Elle est encore jeune, mais sa jeunesse semble déjà passée. Les deux enfants sont assis sur une marche, mais éloignés l'un de l'autre comme s'ils s'ignoraient. La petite fille porte deux tresses brûlées de soleil, des lunettes correctrices cerclées de celluloïd, de petits sabots. Elle serre contre elle une poupée de chiffon. Le petit garçon porte des sandales et des pantalons courts. Ses coudes reposent sur ses genoux et son menton est posé sur ses mains. Il a un visage rond, quelques boucles dans les cheveux, les genoux sales. La fourche d'un lance-pierres dépasse d'une poche de son pantalon. Il regarde droit devant lui, mais son regard se perd au-delà de l'objectif, comme s'il suivait des yeux une apparition, un événement inconnu des autres personnages. Son regard est dirigé légèrement vers le haut, comme l'indiquent sans équivoque ses pupilles. Il contemple peut-être un nuage, ou le feuillage d'un arbre. Sur le coin de droite, là où le terrain jouxte une ruelle pavée sur laquelle se détache l'ombre de la véranda, on entrevoit un chien roulé en boule. Le photographe ne s'est pas aperçu de sa présence et l'a pris au hasard, laissant sa tête hors du champ. C'est un petit chien tacheté de noir qui ressemble à un fox-terrier, certainement un bâtard.

Quelque chose l'inquiète dans ce banal instantané montrant des visages inconnus ; quelque chose semble se refuser à son déchiffrage : un signe secret, un élément insignifiant en apparence mais qu'il devine d'une importance capitale. Enfin, il se rapproche, attiré par un détail. Un mot imprimé sur le journal plié en deux et posé devant l'homme apparaît, déformé, à travers le verre de la carafe : *Sur*. Il se sent gagné par l'émotion et se dit l'Argentine, nous sommes en Argentine, pourquoi suis-je ému, que vient faire ici l'Argentine ? Mais à présent, il sait sur quoi sont fixés les yeux de l'enfant. Derrière le photographe, entourée de verdure s'élève une villa de maîtres rose et blanche. L'enfant fixe une fenêtre aux volets clos, car ces volets peuvent s'entr'ouvrir lentement, et alors...

Et alors quoi ? Pourquoi invente-t-il cette histoire ? Qu'est-il en train d'imaginer et de faire passer pour un souvenir ? Mais en cet instant précis, bien réelle et parfaitement distincte dans son for intérieur, une voix enfantine appelle :

«Biscuit ! Biscuit !» Biscuit est le nom d'un chien, il ne peut qu'en être ainsi.

Antonio Tabucchi, Le Fil de l'horizon, traduction française de
l'auteur, éd. Christian Bourgois, 1988.

Comme Antonioni dans le film *Blow up*, Tabucchi, à l'occasion du développement et de l'exploration d'une photographie, pose dans toute sa complexité la question de la spécificité de l'image photographique par rapport aux autres images (dessin, peinture, gravure, voire image de synthèse) et plus particulièrement celle de son rapport à la réalité. Dans *Blow up*, un jeune photographe s'amuse à photographier des amoureux dans un parc et se fait par la suite agresser parce qu'on veut lui reprendre sa pellicule. Cherchant à comprendre pourquoi, le photographe agrandit (*blows up*) démesurément les photographies prises dans le parc et découvre une surprise au double sens du terme (étonnement et prise supplémentaire) : il aperçoit un cadavre dans les buissons ; retournant sur les lieux il voit effectivement le cadavre ; il court chercher un ami comme témoin, mais à son retour il n'y a plus rien ni personne. D'où toute la suite du film qui constitue une quête sur la réalité enregistrée par la photographie : s'agit-il d'une hallucination, que peut-on considérer comme vrai, que savons-nous des choses et de l'image des choses ?

Dans notre exemple, Spino cherche des indices qui puissent le renseigner sur le mort, lui donner des informations sur cette personne (augmenter son *savoir* sur elle), prouver son identité, bref lui *révéler* quelque chose qui le conduise vers la *vérité* dans son enquête.

Pourquoi se pose-t-il autant de questions, et de questions fondamentales (savoir, connaissance, vérité) autour de la photographie ? Pourquoi réalisateurs, écrivains mettent-ils en scène des personnages que la photographie fascine ? Quelle inquiétude, quel plaisir éprouvent-ils (éprouvons- nous) à la scruter ainsi ? En un mot quel est le *charme*, à nouveau, de la photographie ? Le texte de Tabucchi propose un certain nombre de réponses à ces questions.

En effet ce texte contient toutes sortes d'observations qui corroborent quelques réflexions théoriques, cette fois, sur l'image photographique. Ainsi, dans *La Chambre claire*, cherchant à percer, lui aussi, le «secret» de sa spécifité, Roland Barthes fait-il en préambule un certain nombre de constatations, apparemment évidentes, mais qui se révèlent fort utiles pour l'analyse : il distingue tout d'abord les différentes pratiques dont relève la photographie et qui sont au nombre de trois : «le faire», qui concerne l'*operator* ; «le regarder», qui concerne le *spectator* ; «le subir», qui concerne le *spectrum*.

Ces trois pratiques, que l'on peut exercer alternativement, sont représentées dans le texte de Tabucchi avec toutes leurs implications.

Tout d'abord le «faire» dont on voit ici deux aspects : le fait de *prendre* une photographie et le fait de la *développer*. La prise de la photo est évoquée par des remarques telles que : «cette pose improvisée confiée aux bons soins d'un photographe d'antan»... «Ils sourient. Et à présent ce sourire s'adresse à lui» (et plus au photographe). «L'intimité d'un instant unique» (celui de «l'instantané») ou plus loin : le «regard» du petit garçon «se perd au-delà de l'objectif»... Ce que soulignent ces remarques constitue un des premiers fondements de «l'acte photographique[13]», à savoir qu'il est obligatoirement le résultat d'une rencontre, d'une co-présence entre celui qui prend la photographie et celui qui est pris et que, de plus, cette rencontre se fait en un moment unique et instantané. Le peintre, le dessinateur peuvent être séparés de leur modèle et mettent du temps à élaborer l'image finale qui, elle, sera unique. Tout au moins dans la tradition de l'œuvre d'art comme production «unique» et «originale». Le photographe, lui, est obligatoirement face à son modèle, l'image est automatiquement terminée au moment même du déclic, ce «moment décisif» comme l'appelle Cartier-Bresson, mais cette image unique est, à l'inverse de la peinture ou du dessin, reproductible mécaniquement et indéfiniment multipliable. Ce qui pose tout le problème de l'unicité de l'œuvre d'art auquel ont réfléchi des philosophes comme Walter Benjamin[14] ou des artistes comme Andy Warhol.

Le caractère unique de cette rencontre implique aussi une attitude spécifique face au monde, aux choses, au temps et à l'espace. Le caractère d'enregistrement mécanique du monde qui constitue l'acte photographique a deux conséquences principales : tout d'abord on a considéré la photographie dès son apparition comme une copie parfaite du réel, une *mimesis* parfaite (en oubliant sa part de convention et de construction dont nous reparlerons), et donc, deuxième conséquence, comme une *attestation* utilisable par exemple pour retrouver des personnes, voire les exécuter (ce que fit Thiers pour les malheureux communards qui s'étaient fait prendre en photo sur les barricades). Nous reviendrons un peu plus loin sur le caractère d'attestation de la photographie mais il est clair que le héros de Tabucchi, dans sa recherche, lui reconnaît ces deux caractéristiques et qu'il se fonde sur elles pour essayer de retrouver quelque chose du mort.

---

13. *Cf.* Philippe Dubois, *L'Acte photographique*, Nathan, 1992. Le développement qui suit sur «le faire» de la photographie reprend largement le travail de P. Dubois.
14. Walter Benjamin, «L'œuvre d'art à l'ère de la reproductibilité technique», in *Œuvres complètes*, Denoël, 1971.

D'autre part le caractère unique et instantané de la rencontre photographique donne, au moment de la prise de la photo, un aspect de prédateur au photographe qui «prend» quelqu'un ou quelque chose comme s'il s'agissait d'une proie.

Enfin, puisque la rencontre est unique et instantanée on peut encore dire qu'à l'instant même où la photographie est prise, l'objet ou la personne disparaissent. De ce point de vue, la photographie rejoint le mythe d'Orphée : Eurydice s'évanouit à l'instant même où Orphée se retourne pour la voir. «Morte pour avoir été vue : ainsi toute photo renvoie à jamais son objet au royaume des ténèbres[15].» Plus tard, une fois la photo développée, ce qu'elle représente aura depuis longtemps disparu.

Mais voyons précisément ce que nous dit Tabucchi de ce deuxième aspect du «faire» de la photo, celui du développement où l'image sera *révélée*. Le terme même de «révélation» nous dit à quel point nous attendons une «vérité». Tout le passage consacré au développement à proprement parler, depuis : «L'après-midi il avait fait provision de révélateur» jusqu'à «la photographie contact était surexposée», recense les manipulations nécessaires pour obtenir l'image finale et plus particulièrement les opérations en aval de la prise de vue : «révélateur, cuve en plastique, papier, objectif de l'agrandisseur, temps d'éclairage». On sait que toutes ces opérations répondent à toute une série de *choix* et de manipulations faits, eux, en amont de la prise de vue : choix du sujet, de la pellicule, de la focale, du temps de pause, de l'ouverture du diaphragme, etc. À tous ces choix il faut encore ajouter ceux faits au moment même de la prise : cadrage, éclairage, pose du modèle, angle de prise de vue, etc., auxquels Tabucchi fait allusion un peu plus loin lorsqu'il décrit la photographie obtenue et plus particulièrement le petit chien : «le photographe ne s'est pas aperçu de sa présence et il l'a pris par hasard, laissant sa tête hors du champ». Tous ces choix, toutes ces manipulations sont la preuve que l'on *construit* une photographie et donc sa signification. Si l'existence de ce qui a été pris en photo est indéniable (ce que j'ai pris en photo a nécessairement été devant mon appareil. Ne parlons pas des photos truquées), en revanche ce que que signifie la photographie, son sens, est construit de façon tout à fait conventionnelle et culturelle par le jeu de tous ces paramètres. La photographie d'une même

---

15. Philippe Dubois, *op. cit.*

personne en photomaton, sur une photo de famille, une photo de mode, une photo de reportage ou une photo «d'art» ne signifiera pas la même chose. On peut donc dire, avec Philippe Dubois[16], que si une photo peut être considérée comme une «preuve d'*existence*», elle ne peut être pour autant considérée comme une «preuve de *sens*». Ce qui relativise sérieusement le caractère d'attestation de la photo dont nous avons parlé plus haut et qui n'empêche pas qu'on l'utilise souvent comme telle et dans des cas aussi dramatiques que les prises d'otages, par exemple.

Mais Spino n'est pas seulement *operator* à ce moment du roman, il est aussi *spectator*, il regarde, il scrute même cette photographie. Et ce qui lui vient à l'esprit alors qu'il contemple ce «groupe de famille», c'est d'abord qu'il est une «réalité lointaine», qu'il «s'exhibe à nouveau», qu'«à présent ce sourire s'adresse à lui», que «leur vie est dilatée dans le temps, toujours égale à elle-même ; on peut la regarder à loisir». Autrement dit il fait une distinction entre la présence de la photo et l'absence de ce qu'elle représente, une réflexion sur le temps et plus particulièrement sur le passé. Or c'est précisément en essayant de réfléchir à ce qui le fascinait dans la contemplation de certaines photographies que Barthes a dégagé ce qui fait de la photo une image fondamentalement différente des autres images : c'est la double conjonction de *réalité* et de *passé* qu'elle propose : ce qu'elle représente a été là. C'est ce que Barthes a appelé le *ça-a-été*. Réalité non seulement parce qu'il a fallu la coprésence dont nous avons parlé plus haut, mais surtout parce que la photographie est la trace même de ce qu'elle représente : c'est la lumière émise par l'objet ou la personne photographiés qui vient impressionner la pellicule et en dégrader le nitrate d'argent.

Le sujet photographié a «touché» la pellicule par l'intermédiaire des rayons lumineux qui émanaient de lui ; l'image existe parce qu'il y a eu contiguïté physique, elle est l'émanation même d'un réel passé. C'est une véritable *magie*. C'est pourquoi, la ressemblance aidant, on prendra volontiers la photographie pour l'être même, ou pour une partie de l'être même, et qu'on la traitera de façon fétichiste comme on le fait souvent pour les photos d'amoureux ou de personnes disparues.

D'autre part, si ce réel a été, c'est qu'il n'est plus et la photographie devient alors le signe même que nous sommes mortels. Un nouvel élément de

---

16. Philippe Dubois, *op. cit.*

fascination apparaît alors, celui du lien entre la photographie et la mort. La photo est la présence de quelqu'un qui est définitivement absent (en un lieu étranger, à une époque qui n'est plus la sienne) et qui ne sera plus jamais ainsi : prendre une photo c'est «embaumer» quelqu'un, le «coucher» sur le papier, tout en tentant vainement de «ressusciter» des «fantômes», de les «immortaliser». «Avec la photo, nous dit Barthes, nous entrons dans une mort plate.» Au double sens du terme : banalité et planéité. C'est pourquoi, parlant du *subir* de la photographie, Barthes nous parle de *spectrum* : du moment que je me laisse prendre en photo je deviens un spectre, une ombre.

C'est ce dernier aspect de la pratique photographique qu'évoque Tabucchi au moment de la révélation de la photographie : il souffre pour ce «groupe de famille» «dont les contours se dessinent avec peine», «réticents à se laisser ressusciter», refusant de s'exhiber à nouveau, «victimes innocentes» de la «curiosité d'un étranger». Tabucchi prête à l'image qui se révèle douloureusement la souffrance que l'on peut éprouver à se laisser photographier, à se laisser «prendre» : devant l'objectif, nous dit Barthes, je suis un sujet qui devient objet, «je suis à la fois celui que je me crois, celui que je voudrais qu'on me croie, celui que le photographe me croit et celui dont il se sert». C'est cette utilisation indiscrète de l'image de l'autre qui frappe Tabucchi ; il prête à son personnage Spino l'impression qu'il «extorque, par l'ignoble artifice de la chimie, une complicité forcée» et lui fait éprouver du dégoût en observant «cette vie toute dégouttante à un fil tendu dans la cuisine».

Ainsi nous voyons que Tabucchi, en décrivant la scène apparemment banale du développement d'une photographie met en évidence son pouvoir de fascination à travers l'évocation des différentes pratiques auxquelles elle donne lieu. Pas étonnant alors que Spino, ou le photographe de *Blow up*, vivent comme Barthes et nous-mêmes «dans l'illusion qu'il suffit de scruter une photographie pour retrouver ce qu'il y a derrière, pour retrouver l'être tout entier». Cherchant à savoir, nous regardons les photographies «avec l'espoir fou et vain de découvrir la vérité[17]».

On comprend mieux aussi pourquoi cette image «folle», hallucinatoire, est particulièrement propre à déclencher toutes les imaginations : ce qui ne manque pas d'arriver à Spino qui croira entendre intérieurement un enfant (lui-même ?) appeler le petit chien sur la photo : «Biscuit, Biscuit…»

---

17. Roland Barthes, *La Chambre claire, op. cit.*

2.5 Pouvoirs des images

C'est à peu de chose près le titre que Louis Marin a donné à son dernier ouvrage[18], consacré à une réflexion sur l'image et ses pouvoirs. C'est en effet à partir d'eux que le théoricien de l'art propose de définir l'image : «En interrogeant ses vertus, ses forces latentes et manifestes» plus que son être. «L'être de l'image, en un mot, serait sa force.» Et cette force, c'est dans les textes «que l'on nomme depuis quelques siècles littérature» que l'on peut la lire, l'analyser. «L'image traverse les textes et les change ; traversés par elle, les textes la transforment[19].»

Ainsi l'analyse du texte de Tabucchi et du traitement qu'il fait subir à la photographie met en évidence toute la subtilité et la force de sa nature, comprise entre la trace, le temps, la Mort, la ressemblance et la convention. Circularité toujours présente dans l'image, mais qui s'attarde sur telle ou telle de ses étapes selon son support, sa technique ou son contexte.

Les images changent les textes donc, mais les textes, à leur tour, changent les images. Ce que nous lisons ou entendons à propos des images, la façon dont la littérature, la presse, la signalisation se les approprient, les triturent et les présentent, détermine nécessairement l'approche que nous en avons ensuite.

2.6 *« Paysage de Cézanne »*

C'est le texte, accompagné d'une flèche indiquant dans quelle direction regarder, que l'on peut lire sur une pancarte de signalisation au bord de l'autoroute, en Provence, à peu près au niveau de la montagne Sainte-Victoire que l'on aperçoit en effet de loin, si l'on tourne la tête assez vite, au passage.

Cette complémentarité texte-image donne ici le vertige : on nous incite, par des mots, à regarder le paysage pour y reconnaître le sujet des peintures de Cézanne. On assiste là à un renversement absolu de la lecture de l'image dont on a toujours considéré que sa fonction était de renvoyer à la réalité

---

18. Louis Marin, *Des pouvoirs de l'image*, Gloses, Seuil, 1993.
19. À cette occasion, Louis Marin analyse des textes de La Fontaine, Jean-Jacques Rousseau, Diderot, Charles Perrault, Corneille, Shakespeare, Pascal, l'Évangile selon saint Jean, l'abbé Suger, Giorgio Vasari, Friedrich Nietzsche.

dont elle était un substitut, une re-présentation. Ici, c'est la réalité qui renvoie aux images, qui devient le signe d'une image, et non plus l'inverse.

Évidemment cette incitation verbale présuppose que le voyageur, trop pressé pour visiter la Provence (il est sur l'autoroute), sait *qui* est Cézanne, et *ce qu'il a peint*. Pour quelqu'un de non averti, Cézanne peut être le nom d'un lieu ou d'un propriétaire terrien supposé connu : on imagine alors la vacuité inquiète du regard hâtif du voyageur cherchant à comprendre ce qu'on veut lui montrer… On est loin du conseil que donnait Cézanne lui-même : «Traitez la nature en termes de sphère, de cylindre et de cône», loin du changement de regard que ce conseil implique et que les cubistes suivront strictement.

Néanmoins, pour vertigineux que soit cet exemple consommatoire, il est précieux. Il manifeste en effet, au plan de la quotidienneté la plus banale, la complexité de l'interaction image/réalité. Il nous prouve en fait que tout le monde sait que nous sommes tout autant constitués de souvenirs d'images auxquels l'expérience nous renvoie, que de souvenirs d'expériences auxquelles les images nous renvoient. Peut-être n'y a-t-il que les théoriciens pour encore s'en offusquer.

Nous avons pour notre part montré, dans un exemple fameux de la littérature du début du siècle, *La Montagne magique*[20], comment la présentation d'une séance de cinéma, ses relations avec d'autres images et d'autres arts présents dans le roman (radiographie, peinture, photographie, dessin, théâtre, musique, littérature) pouvaient conditionner une approche critique du cinéma.

Ainsi qu'on le veuille ou non, les mots et les images se relaient, interagissent, se complètent, s'éclairent avec une énergie vivifiante. Loin de s'exclure, les mots et les images se nourrissent et s'exaltent mutuellement. Au risque de paraître paradoxal, nous pouvons dire que plus on travaille sur les images, plus on aime les mots.

---

20. *Cf.* Martine Joly : «Une séance au Bioscope (*La Montagne magique* de Thomas Mann)» in *Vertigo* n°10 : *Le siècle du spectateur*, 1993.

CONCLUSION GÉNÉRALE

Ce travail désigne de nombreux points que le lecteur intéressé devra approfondir à l'aide de la bibliographie et d'exercices exploratoires.

On perçoit néanmoins que l'«image», loin d'être un fléau menaçant et contemporain, est un moyen d'expression et de communication qui nous rattache aux traditions les plus anciennes et les plus riches de notre culture. Sa lecture, même la plus naïve et la plus quotidienne, entretient en nous une mémoire qui ne demande qu'à être un peu réactivée pour devenir un outil d'autonomie plus que de passivité. Nous avons vu en effet que sa compréhension nécessite la prise en compte des contextes de la communication, de l'historicité de son interprétation, comme de ses spécificités culturelles.

Nous espérons avoir montré que la lecture de l'image, enrichie par l'effort de l'analyse, peut devenir un moment privilégié pour l'exercice d'un esprit critique, qui, conscient de l'histoire de la représentation visuelle dans laquelle elle s'inscrit comme de sa relativité, pourra y puiser l'énergie d'une interprétation créative.

Quoi qu'il en soit, s'intéresser à l'image, c'est aussi s'intéresser à toute notre histoire, à nos mythologies comme à nos différents types de représentations. La richesse de la démarche contredit la réduction de l'image à l'image médiatique ou aux nouvelles technologies : celles-ci ne sont que les avatars les plus récents, sinon les derniers, des signes visuels qui nous accompagnent, comme ils ont accompagné l'histoire de l'humanité.

INDEX DES NOTIONS

NB : l'index ne renvoie qu'aux passages où les notions sont développées.

BIBLIOGRAPHIE

Non exhaustive, cette bibliographie propose des pistes de lecture permettant d'aborder l'analyse de l'image.

1. Dictionnaires, encyclopédies

Encyclopaedia universalis.

GREIMAS A.-J. et COURTÈS J., *Sémiotique, dictionnaire raisonné de la théorie du langage*, Paris, Hachette, 1979.

MORIER H., *Dictionnaire de poétique et de rhétorique*, Paris, PUF, 1981.

2. Ouvrages collectifs

L'Image fixe : espace de l'image et temps du discours, Paris, Documentation française, 1983.
Le Photojournalisme, Paris, CFPJ, 1990.
Pour la photographie, tome 1 (1983), tome 2 : «De la fiction» (1987), tome 3 : «La vision non photographique» (1990), Paris, GERMS.

3. Revues spécialisées

Communications (Paris, Seuil) :

N° 4 : Recherches sémiologiques (1964).
N° 15 : L'analyse des images (1970).
N° 16 : Recherches rhétoriques (1970).
N° 17 : Les «mythes» de la publicité (1971).
N° 29 : Image(s) et culture(s) (1979).
N° 30 : La conversation (1979).
N° 32 : Les actes du discours (1980).
N° 33 : Apprendre les médias (1980).
N° 34 : Les ordres de la figuration (1981).
N° 48 : Video (1988).

Degrés, revue de synthèse à orientation sémiologique (Bruxelles) :

N° 15 : Le signe iconique (1978).
N° 28 : Théorie et pratique de la réception (1981).
N° 34 : Lire l'image (1983).
N° 49/50 : Virages de la sémiologie (1987).

N° 58 : Images et médias (1989).
N° 60/61 : L'affiche urbaine (1990).
N° 69/70 : L'image cachée dans l'image (1992).

Eidos, bulletin international de sémiotique de l'image (Tours, Université François Rabelais)

Nouvelle revue de psychanalyse (Paris, Gallimard) :

N° 35 : Le champ visuel 1987).
N° 44 : Destins de l'image (1991).

4. Ouvrages généraux

Linguistique générale

JAKOBSON Roman, *Essai de linguistique générale* (trad. fr.), Paris, Minuit, 1970.

SAUSSURE Ferdinand de, *Cours de linguistique générale*, Lausanne-Paris, Payot (1906-1911), Payot, 1974.
L'ouvrage de Jakobson, qui réunit onze essais sur les problèmes de la linguistique structurale, éclaire le rôle pilote qu'a joué la linguistique à l'égard des autres sciences humaines : ethnologie, psychanalyse, études littéraires, théorie de la communication. Il contribua ainsi à faire de l'anthropologie cette « sémiologie générale » qu'entrevoyait Saussure (cf. l'introduction du *Cours de linguistique générale*).

Pragmatique du langage

Après s'être appliquée à décrire le fonctionnement de la langue, la linguistique moderne s'intéresse à l'étude de la parole ou des discours, c'est-à-dire à l'étude de l'usage de la langue dans des situations concrètes, production d'un sujet parlant en situation. Certaines démarches, observations ou conclusions intéressent le fonctionnement du langage en général.

AUSTIN John L., *Quand dire, c'est faire* (trad. fr.), Paris, Seuil, 1991.
Ce petit ouvrage justement célèbre rassemble douze conférences dans lesquelles J. L. Austin étudie des énoncés particuliers, les « performatifs », qui sont eux-mêmes l'acte qu'ils désignent (comme les formules rituelles telles que « je vous marie » ou « je te baptise »), énoncés qui ne se contentent pas de dire les choses mais les font.

DUCROT Oswald, *Dire et ne pas dire*, Paris, Hermann, 1972.
Rejoignant les recherches de la pragmatique, Ducrot s'intéresse aux « blancs » de

la communication verbale : les présupposés, l'implicite, les non-dits que le dit laisse filtrer et qui font la richesse et la complexité de la communication verbale.

KERBRAT-ORECCHIONI Catherine, *L'Énonciation. De la subjectivité dans le langage*, Paris, Armand Colin, 1980 ; *La Connotation*, Lyon, PUL, 1984 ; *L'Implicite*, Paris, Armand Colin, 1986.
Dans ces différents ouvrages, Catherine Kerbrat-Orecchioni étudie les significations qui précèdent et accompagnent les messages verbaux explicites, et comment ceux-ci les manifestent.

RÉCANATI François, *La Transparence et l'Énonciation*, Paris, Seuil, 1979.
Ce livre explore lui aussi les relations entre énoncé et énonciation. Il peut servir d'introduction à la linguistique pragmatique.

Quelques ouvrages utiles pour l'analyse des messages linguistiques

BARTHES Roland, *Le Degré zéro de l'écriture*, Paris, Seuil, 1972.
Où Roland Barthes nous rappelle à nouveau comment la «naturalité» des messages est idéologique.

BOURDIEU Pierre, *Ce que parler veut dire*, Paris, Fayard, 1982.
Étude de ce que le langage révèle de notre appartenance sociologique.

FROMILHAGUE Catherine et SANCIER Anne, *Introduction à l'analyse stylistique*, Paris, Bordas, 1991.
Manuel de synthèse présentant les grands axes actuels de l'étude stylistique. La méthodologie proposée peut s'appliquer à des textes «littéraires» ou non.

DALLENBACH L., *Le Récit spéculaire* (définition de la notion de «mise en abyme») Paris, Seuil, 1977.
À lire impérativement pour comprendre la notion de «mise en abyme» aussi bien dans la littérature que dans l'image.

MAINGUENEAU Dominique, *Nouvelles tendances en analyse du discours*, Paris, Hachette, 1987.
Ouvrage qui se veut à la fois théorique, en réenvisageant la notion de «discours», et méthodologique en proposant des outils d'analyse.

MASSIN, *La lettre et l'image, La figuration dans l'alphabet latin du VIIIᵉ siècle à nos jours*, Paris, Gallimard, 1993.
Réédition de l'ouvrage de 1970 préfacé par Raymond Queneau. Cet album, propose, pour un plaisir des yeux assuré, toutes sortes d'exemples du pouvoir des lettres et de leur image à travers leur histoire et différentes cultures.

MEUNIER Jean-Pierre et PERAYA Daniel, *Introduction aux théories de la communication ; Analyse sémio-pragmatique de la communication médiatique*, De Boeck Université, 1993.

Proposition d'un regard neuf sur les messages audio-scripto-visuels et sur leur analyse s'appuyant sur les acquis des théories de la communication et de l'analyse de discours.

Sémiotique générale

BARTHES Roland, «Éléments de sémiologie» in *Communications* n°4, Paris, Seuil, 1964.
Article fondateur, qui marque l'apparition de la sémiologie dans les sciences humaines en France, et dans lequel Roland Barthes énonce les grands principes de la sémiologie ainsi que les axes de cette nouvelle discipline à imaginer et à construire.

DELEDALLE G., *Théorie et pratique du signe* (Introduction à Ch. S. Peirce), Paris, Payot, 1979 ; *Lire Peirce aujourd'hui*, Bruxelles, De Boeck, 1990.
Chef de file de «l'école de Perpignan», spécialisée dans l'étude et la recherche sur les travaux de Peirce, G. Deledalle permet d'aborder, à l'aide de ces textes, la lecture difficile de Peirce.

ECO Umberto, *Sémiotique et philosophie du langage* (trad. fr.), Paris, PUF, 1988.
Cet ouvrage est une sorte de somme sur la démarche sémiotique, de l'Antiquité à nos jours, et sur ses liens avec la philosophie du langage. Par son aspect historique, ses nombreuses références littéraires et philosophiques, ce livre propose un panorama passionnant de l'histoire de la réflexion sur le langage en Occident, ainsi qu'une lecture critique de bon nombre de notions telles que celles de «signe», «symbole», «code» etc. L'ouvrage *Le Signe* (trad. fr.), Bruxelles, Labor, 1988, réactualise l'ensemble des travaux d'Umberto Eco sur cette notion.

ECO Umberto, *Les Limites de l'interprétation* (trad. fr.), Paris, Grasset, 1992.
Ouvrage qui «revisite» les notions de réception et d'interprétation des œuvres, y compris les propositions les plus célèbres de l'auteur-même à ce sujet. Un véritable «art de lire», aussi brillant qu'érudit.

GREIMAS Algirdas-Julien, *Du sens*, Paris, Seuil, 197O.
Livre référence sur la théorie sémiotique de «l'école de Paris» et de sa conception dynamique de la production de signification.

HELBO A., *Sémiologie des messages sociaux* (Du texte à l'image), Paris, Edilig, 1983.
Quoique déjà un peu ancien, cet ouvrage a le mérite de proposer une présentation des différentes traditions de la sémiologie (française, anglo-saxonne et germanique) et de leurs orientations, leurs limites et leurs applications.

VÉRON E., *La Sémiosis sociale*, Paris, PUV, 1987.
Ouvrage qui réunit des textes théoriques traitant de l'évolution de la réflexion

sémiotique sur les discours sociaux (médiatiques, politiques, publicitaires) pendant une dizaine d'années.

Rhétorique

BAUTIER Roger, *De la rhétorique à la communication*, Grenoble, PUG, 1993.
Analyse, au regard de la rhétorique, des relations entre communication et domination et de la permanence de la problématique du pouvoir.

FONTANIER Pierre, *Les Figures du discours*, Paris, Flammarion, 1977.
Traité «classique» de rhétorique des figures, destiné, au début du siècle dernier, aux élèves des classes de «rhétorique». À la fois complet, rigoureux et illustré de nombreux exemples, cet ouvrage est aussi, pour nous, un document sur l'art «du bien parler» au XIXᵉ siècle.

JANKELEVITCH Vladimir, *L'Ironie*, Paris, Flammarion, 1978.
Ou comment le nom d'une «figure de rhétorique» peut aussi correspondre à une attitude philosophique.

GROUPE MU, *Rhétorique générale*, Paris, Larousse, 1970.
Premier ouvrage de synthèse sur la rhétorique pensée en termes de processus généraux et non plus exclusivement linguistiques.

Psychanalyse

FREUD Sigmund, *L'Interprétation des rêves* (trad. fr.), Paris, PUF, 1971 ; *Le Mot d'esprit et ses rapports avec l'inconscient* (trad. fr.) Paris, Idées, 1974.
Ces ouvrages ne sont plus à présenter. Néanmoins, il nous semble indispensable, lorsqu'on s'intéresse à l'image, de connaître ce que dit Freud à propos du travail du rêve et des représentations visuelles qu'il engendre. De la même manière, la lecture du *Mot d'esprit* est très utile pour démêler les notions d'humour, de comique et d'esprit dont on retrouve le fonctionnement dans certaine images globalement baptisées, un peu hâtivement, «humoristiques».

TISSERON Serge, *Psychanalyse de l'image, de l'imago aux images virtuelles*, Paris, Dunod, 1995.
En se dégageant de la référence exclusive aux contenus de l'image, l'auteur s'intéresse aux types de relations que chaque être humain entretient avec les images, tant psychiques que matérielles.

Communication

BATESON G. et al., *La Nouvelle Communication*, Paris, Seuil, 1981.
Présentation de textes déjà «classiques» des principaux représentants (Bateson, Goffmann, Hall, Watzlawick) du courant de la «nouvelle communication»,

courant qui ne la définit plus comme une relation à deux mais comme un système circulaire et interactif.

BOUGNOUX D., *La Communication par la bande*, Paris, La Découverte, 1991.
Introduction aux sciences de l'information et de la communication, ce livre propose, comme outil d'exploration de quelques-uns de leurs principaux problèmes, l'évocation d'une quinzaine de bandes dessinées.

COSNIER Jacques et BROSSARD A., *La Communication non verbale*, éd. Delachaux et Niestlé, Neuchâtel-Paris, 1984.
Recueil de textes de base en psychologie, représentatifs des méthodes et de l'esprit désormais «classiques» pour aborder la communication non verbale.

HALL E. T., *La Dimension cachée*, Paris, Seuil, coll. «Points», 1978 ; *Le Langage silencieux*, Paris, Seuil, coll. «Points», 1984.
Dans le premier ouvrage, Hall analyse l'aspect culturel de la gestion de l'espace interpersonnel et de sa signification (espaces intime, familier, public, etc.) ; dans le second, celui de la gestion du temps (le retard, l'attente…).

JAUSS Hans Robert, *Pour une esthétique de la réception* (trad. fr.), Paris, Gallimard, 1978.
Initiateur de recherches autour de la notion de réception, H. R. Jauss considère la littérature également comme une activité de communication, facteur de productions esthétiques, éthiques, sociales impliquant un rapport dialectique avec la chaîne des œuvres qui la précèdent et la suivent comme avec celle des publics qui lui donnent un sens.

5. Ouvrages concernant la signification de l'image fixe

Ouvrages et articles théoriques

BARTHES Roland, «Rhétorique de l'image», in *Communications,* n° 4, Paris, Seuil, 1964.
Article fondateur dans lequel Roland Barthes pose les premiers jalons d'une sémiologie de l'image.

DURAND Jacques, «Rhétorique et image publicitaire», in *Communications,* n° 15, Paris, Seuil, 1970.
Travail d'exploration des relations entre rhétorique et publicité : proposition de classification des figures mais surtout d'interprétation de l'utilisation de la rhétorique en publicité.

FLOCH J.-M., «Kandinsky : sémiotique d'un discours plastique non figuratif», in *Communications,* n° 34, Paris, Seuil, 1981.
Présentation des problèmes théoriques et méthodologiques que pose l'analyse d'un tableau dit «abstrait».

GROUPE MU, *Traité du signe visuel ; Pour une rhétorique de l'image*, Paris, Seuil, 1992.
Somme très complète (des précurseurs aux chercheurs les plus contemporains) sur la sémiotique de l'image visuelle, qui s'inscrit dans le projet plus vaste encore d'une rhétorique générale. Outre son aspect historique et exhaustif, cet ouvrage a la distance suffisante pour proposer une lecture critique et relative des différentes approches.

HAINEAULT D.-L. et ROY Jean-Yves, *L'Inconscient qu'on affiche*, Paris, Aubier, 1984.
Un des rares ouvrages théoriques consacré aux rapports entre psychanalyse et image publicitaire. «Essai psychanalytique sur la fascination publicitaire», ce livre se présente comme une vaste enquête analytique cherchant à dévoiler ce que la publicité montre et cache à la fois.

HOLTZ-BONNEAU F., *L'Image et l'Ordinateur*, Paris, Aubier/INA, 1986.
À l'heure de la généralisation du traitement informatique des images et des textes, une réflexion sur les possibilités de ces nouveaux modes de représentation, leurs incidences sur la création et la communication.

MARIN Louis, *Études sémiologiques. Écritures peinture*, Paris, Klincksieck, 1971.
Propositions d'approche sémiologique de la peinture.

METZ Christian, «Au-delà de l'analogie, l'image», in *Communications,* n°15, Paris, Seuil, 1970.
Article de référence, qui est l'un des premiers à avoir montré que l'on ne peut réduire la notion d'image à celle d'analogie.

MONTANDON A. et al., *Signe/Texte/Image*, Lyon, Césura, 1990.
Actes d'un colloque (rare) qui rassemble dix essais autour de la notion d'«icono-textes», messages linguistiques qui conjuguent leurs dimensions plastiques et verbales. Indispensable pour comprendre en profondeur «les ressources dites visuelles de la graphie et de la mise en page et l'existence du Livre (et du tableau, de l'affiche, etc.) comme un objet total.»

MOUILLAUD M. et TÉTU J.-F., *Le Journal au quotidien*, Lyon, PUL, 1989.
La première partie de ce livre (J.-F. Tétu) étudie l'organisation visuelle du journal (mise en page, illustration) et en explore le sens induit.

PÉNINOU Georges, *Intelligence de la publicité*, Paris, Laffont, 1972.
Ouvrage qui reste une référence en ce qui concerne la réflexion sur les relations entre sémiologie et publicité.

QUEAU Philippe, *Le virtuel, vertus et vertiges*, Champ Vallon/INA, 1993.
À la suite d'un premier *Éloge de la simulation*, Champ Vallon/INA, 86, on peut lire ici une analyse critique et «dédramatisée» des «nouvelles images».

SAINT-MARTIN F., *Sémiologie du langage visuel*, Québec, PUQ, 1987.
Essai de sémiologie « topologique » qui se distingue radicalement des approches plus classiques, tant européennes qu'anglo-saxonnes. S'attachant à l'aspect perceptuel et spatialisant du langage visuel, cette théorie syntaxique explique les fondements de la lecture des messages visuels, iconiques comme non figuratifs.

TARDY M., « L'analyse de l'image, Sur quelques opérations fondamentales », in *L'Image et la Production du sacré*, Paris, Klincksieck, 1991.
Dans ce court article, M. Tardy (connu pour son fameux *Le Professeur et les Images*, PUF, 1973) réexamine les modalités de l'analyse de l'image et les questions que celle-ci soulève.

Ouvrages pédagogiques, ou de synthèse, sur l'image fixe

AUMONT Jacques, *L'Image*, Paris, Nathan Université, 1990, 2e édition 1999.
Cet ouvrage traite essentiellement de ce qu'il y a de commun à toutes les images visuelles. De l'étude physiologique de la vision à « la part de l'art », l'auteur envisage les questions de l'imaginaire, des dispositifs, du spectateur, comme de l'image en tant que telle.

COCULA B. et PEYROUTET C., *Sémantique de l'image*, Paris, Delagrave, 1986.
Très didactique et basé sur de nombreux exemples, cet ouvrage se veut méthodologique tout en abordant les problèmes de base posés par la compréhension de l'image fixe : la vision, l'hétérogénéité des messages visuels, ou les liens de l'interprétation avec l'inconscient.

CORNU G., *Sémiologie de l'image dans la publicité*, Paris, éd. de l'Organisation, 1990.
Étude de l'écriture par l'image dans la publicité. À partir de nombreux exemples, l'auteur utilise les théories actuelles de la sémiotique et rend compte à la fois de la création et de l'interprétation de l'image publicitaire.

COURTES Joseph, *Du lisible au visible, Analyse sémiotique d'une nouvelle de Maupassant et d'une bande dessinée de Benjamin Rabier*, De Boeck Université, 1995.
Application concrète et rigoureuse de la sémiotique dans le domaine de la fiction et du visuel par l'un des pionniers de « l'école de Paris ».

FLOCH J.-M., *Sémiotique, marketing et communication ; Sous les signes, les stratégies*, Paris, PUF, 1990.
Très pédagogique et agréable à lire, ce livre rassemble six études au cours desquelles J.M. Floch montre la problématique de la sémiotique à l'œuvre dans l'analyse comme dans la conception d'opérations de marketing et de communication. Un ouvrage plus récent, *Identités visuelles*, Paris, PUF, 1995, applique la même approche aux logos et autres outils de représentation visuelle des entreprises.

FRESNAULT-DERUELLE Pierre, *L'Éloquence des images*, Paris, PUF, 1993.
Entre sémiologie et rhétorique de l'image, ce livre propose l'analyse d'images nombreuses et variées (photographies, affiches, cartes postales, BD, dessins de presse, etc.) en insistant en particulier sur les effets de sens liés au support. Du même auteur, *L'image placardée*, Paris, Nathan Université, 1997, aborde l'étude de l'affiche et de l'enjeu de sa monumentalité, de son exposition urbaine comme de sa lecture parmi les différentes modalités de représentation visuelle.

GAUTHIER G., *Vingt et une leçons sur l'image et le sens*, Paris, Edilig, 1982.
Ces «leçons» insistent sur le fait qu'elles explorent le problème de l'image et du sens et non celui — voisin — de l'esthétique. Elles abordent des problèmes clés, tels que ceux de la représentaton de l'espace, du temps, des formes ou encore des objets.

JOLY Martine, *L'Image et les Signes*, Paris, Nathan Université, 1994.
Cet ouvrage fait le point sur les travaux les plus importants de la sémiotique appliquée à l'image et montre, à partir d'exemples, comment ces apports théoriques sont utiles à la compréhension de l'évolution du statut de l'image dans notre société. On y trouve ainsi une étude sur la nature du soupçon porté de tous temps à l'image comme une approche de la rhétorique de la photo de presse.

MARIN Louis, *Des pouvoirs de l'image*, Paris, Seuil, 1993.
Dans cet ouvrage posthume, Louis Marin analyse ces textes dits «littéraires» (de La Fontaine à Nietzsche ou Vasari, en passant par Shakespeare ou Pascal), qui nous disent la force des images.

Ouvrages d'esthétique et d'histoire de l'art

CAHN I., *Cadre des peintres*, Paris, Hermann, 1989.
Petit ouvrage très instructif sur l'histoire du cadre en peinture.

FRANCASTEL Pierre, *Peinture et société ; Naissance et destruction d'un espace plastique. De la Renaissance au cubisme*, Paris, Denoël, 1977 ; *La Figure et le Lieu, L'ordre visuel du Quattrocento*, Paris, Gallimard, 1980.
Ouvrages de base indispensables pour comprendre les implications du choix, ou du rejet, de la représentation en perspective en Occident.

GOMBRICH Ernst H., *L'Art et l'Illusion ; Psychologie de la représentation picturale* (trad. fr.) Paris, Gallimard, 1971.
D'une écriture très didactique, cet ouvrage, illustré de nombreux exemples, explore les aspects psychologiques de la création artistique. À la fois érudit et démonstratif, le livre analyse les notions de style, de ressemblance, de stéréotype, de même que «l'illusion artistique» et ses relations avec le spectateur. On peut aussi consulter, pour sa culture générale, l'important *L'Art et son histoire*, du même auteur, publié en France en 1963.

KANDINSKY Wassily, *Écrits complets* (trad. fr.), Paris, Folio Denoël, 1989.

Ouvrage qui rassemble les principaux écrits de Kandinsky — peintre que l'on considère comme l'initiateur de l'art abstrait — et en particulier ses cours du Bauhaus. Créée en 1919 à Weimar par l'architecte Walter Gropius, cette école d'art (exactement : «école de la construction») accueillit comme professeurs d'autres peintres dont on peut utilement lire les écrits didactiques, tels que ceux de Paul Klee ou ceux de Johannes Itten (sur la couleur).

PANOFSKY Erwin, *L'Œuvre d'art et ses significations* (trad. fr.), Paris, Gallimard, 1969 ; *La Perspective comme forme symbolique* (trad. fr.) Paris, Minuit, 1975.
Célèbre pour ses propositions d'interprétations iconographiques (fondements de l'iconologie), Panofsky l'est aussi pour son interprétation de la représentation en perspective, comme symbole plus que comme imitation de la vision.

Ouvrages sur la photographie

BARTHES Roland, *La Chambre claire*, Paris, Gallimard, 1980.
Ouvrage posthume, ce livre représente l'aboutissement de la réflexion de Roland Barthes sur la spécificité de l'image photographique. Le concept du «ça-a-été» la présente comme trace avec toutes les implications théoriques et pratiques que cela entraîne, rejoignant en cela la théorie de l'indice de Peirce.

BAURET Gabriel, *Approches de la photographie*, Nathan Université, coll. «128», 1992.
Intéressant par la bibliographie permettant d'approfondir les différents types d'approches présentées (esthétique, socio-historique, sémiologique).

BOURDIEU Pierre, *La Photographie, un art moyen*, Paris, Minuit, 1965.
Approche sociologique de la photo de famille, en particulier, et de ses fonctions de cohésion du groupe.

DUBOIS Philippe, *L'Acte photographique*, Paris, Nathan Université, 1990, 1999.
Ouvrage de synthèse sur l'histoire de la photographie, la façon dont elle a été successivement considérée d'un point de vue théorique depuis son apparition, l'évocation des grands mythes visuels auxquels elle renvoie.

LEMAGNY Jean-Claude, *L'Ombre et le Temps : Essais sur la photographie comme art*, Paris, Nathan, 1992.
Le sous-titre annonce le contenu de ce gros ouvrage qui réenvisage, d'une façon qui se veut militante, et aussi philosophique, les rapports entre la photographie et l'art.

SOULAGES François, *Esthétique de la photographie*, Paris, Nathan Université, 1998.
Une réflexion sur la création en photographie.

Imprimé en France par IFC. Saint-Germain-du-Puy 18390.
N° éditeur: 10086857- (IX) - (39) - OSBB - 80°
Dépôt légal septembre 2001 . N° d'imprimeur : 01/551